遇见巴蜀

郭晓林◎著

九州出版社
JIUZHOUPRESS

图书在版编目（CIP）数据

遇见巴蜀 / 郭晓林著. -- 北京 : 九州出版社, 2021.9（2024.2重印）
ISBN 978-7-5225-0057-7

Ⅰ. ①遇… Ⅱ. ①郭… Ⅲ. ①四川－地方史 Ⅳ. ①K297.1

中国版本图书馆 CIP 数据核字（2021）第 097409 号

遇见巴蜀

作　　者　郭晓林　著
责任编辑　刘　嘉
出版发行　九州出版社
地　　址　北京市西城区阜外大街甲 35 号（100037）
发行电话　（010）68992190/3/5/6
网　　址　www.jiuzhoupress.com
印　　刷　三河市嵩川印刷有限公司
开　　本　787 毫米 ×1092 毫米　16 开
印　　张　11
字　　数　126 千字
版　　次　2021 年 9 月第 1 版
印　　次　2024 年 2 月第 2 次印刷
书　　号　978-7-5225-0057-7
定　　价　42.00 元

自序：千年巴蜀，文化之都

当第一缕阳光照进巴蜀的时候，我们仿佛能够看到那跨越千年的文明闪烁着光芒。

在这里，有着太多的惊艳横空出世；在这里，有着太多的智慧引领时代；在这里，我们仿佛看到了巴蜀的顽强与灵巧……这是一片孕育奇迹的土地，汉高祖刘邦失意入蜀，最终“暗度陈仓”重返争霸天下行列；这是一片美景如画的土地，看巴山蜀水如此多娇，青山秀水享誉全国；这是一片高于生活的土地，看唐宋百家流连巴蜀，千年来更流传着天下诗人皆入蜀的说法……

这片土地，给予我们的惊喜实在是太多了。君不见巴蜀四面环山，古代先祖为走出盆地不惜铤而走险，开辟蜀道让子孙后代得以走出盆地。看如今，巴蜀子女的脚步走遍全球，四通八达的交通网覆盖巴蜀，通往世界。

不得不承认的是，这片神奇的对于华夏文明前行的步伐有着不可磨灭的影响。巴蜀文化具有十分强烈的辐射能力，早在上古时期，其便与中原、秦、楚等文化相互渗透，影响甚至远达东南亚，尤其是在金属器、葬礼形式等方面对东南亚产生了深刻的影响。

纳百川者，为海矣。巴蜀文化从来都秉承着上善若水的宗旨，千年以来以多民族共处的形式共存。在华夏大地，巴蜀可以说是容纳着最多少数民族的地区之一，其文化丰富多样，在各少数民族的文化冲击下，巴蜀整体形成了一种多样丰富的文化内涵，影响着每一个巴蜀地区的百姓。

乐天积极的巴蜀文化烙印在百姓的骨子里头，《岁华纪丽谱》有云：“成都游赏之盛，甲于西蜀，盖地大物繁而俗好娱乐”，游乐是巴蜀人自古以来最大的特点之一，巴蜀人淳朴、乐天知命，一年到头或游山、或游寺，并与歌舞娱乐、商贸互动相结合，形成了巴蜀地区独特的文化样式。

千年文化，博大精深，巴蜀的历史文化之宽广，任我等耗尽一生依然无法窥见一二。这是汉高祖刘邦争霸天下的大后方，是刘备入蜀称王的见证者，同样也是杜甫晚年的安居地……在这里有着太多改变历史的瞬间，华夏千年的故事往往就在这里转折。也许，这便是巴蜀历史最大的魅力。

让我们一同走进巴蜀，赏巴山蜀水，看绿水蓝天下的群峰错落，游历九寨观黄龙，品味千古雄关剑门，或是带着悠闲的心看看熊猫妙趣，观赏千古奇观。

目录 CONTENTS

第一部分

认识巴蜀

第二部分

巴蜀人文艺术

第三部分

巴蜀商业经济

第一部分

认识巴蜀

第一章　贯穿华夏

中华上下五千年蕴含了数之不清的文化瑰宝。五千年来，华夏文明始终滚滚向前，而在这其中，有那么一股力量贯穿于华夏文明之中，那便是我们耳熟能详的巴蜀文化。

自先古至如今，巴蜀文化一直随着时代的发展而代代相传，其因华夏而生，随华夏而行，成为万千巴蜀子民步步前行的力量源泉。

神话还是历史：巴蜀的崛起

众所周知，四川是我国版图以及经济发展中不可缺失的重要一环，每每谈起四川，相信人们脑海里所呈现的必然是“天府之国”“巴蜀之地”等称号。古往今来，四川以及周边地区给人的印象大多都是物质丰富、崇山峻岭，自古便有“江山有巴蜀，栋宇自齐梁”“巴蜀山水多神秀，九寨只应天上有”等诗词赞美。

巴蜀地名的由来

在众多巴蜀文明起源的传说中，有一个说法流传最广：上古时期，中原地区被分为九个部分，后世人称之为九州。其中，四川盆地及周边地区被称之为梁州。据古籍记载：梁州内虽民族众多，可主要还是以东部的巴人与西部的蜀人的人数最多。

在此我们不妨对巴人与蜀人进行初步的了解。蜀人在最早记载是一群生活在高原的居民，是羌族中的一个分支，主要活动在岷江上游的册木峡谷当中，主要以狩猎与垦殖为生。[①] 蜀人与当时其他地区的人不一样，他们讨厌穴居，习惯用石头垒砌居所，因而相比其他族群，他们更注重定居生活。后来，随着农耕文明在汶川兴起，蜀族的活动范围逐渐扩大，最终顺岷江而下来到成都平原，并

①资料取于《华阳国志·卷三·蜀志》。

且在成都平原建立起了自己的国家——蜀国。

《华阳国志·蜀志》中记载，蜀国的都城建立在广都樊乡。蜀人看到成都是个土地肥沃、水清山高的“理想国”后，立志要在此过上安居乐业的农耕生活，开创了最古老的蜀文化——宝墩文化。

蜀国作为中华大地上最古老的国家之一，其农桑治国以及文化传播等方面都为后世发展带来了十分重要的帮助。开明十二世时，蜀人开辟了石牛道，打通了蜀国对外的信道，自此蜀国的发展与中原融合了起来，成为了中华五千年历史上不可缺少的一支。

而巴人则是四川盆地东北部的一个部落，其主要以捕鱼为生，在当时人们都将捕鱼者称之为“巴”。根据古籍的描述，巴人本是在湖北地区生存的部落集团，后来由于楚国的崛起，迫使巴人逐渐西迁，落户到重庆一带。

正是巴人与蜀人的迁徙与领土拓展，以至于当时的四川基本被巴、蜀居民所占据，形成了巴蜀文化的雏形。公元前316年，秦国南征一举消灭了巴蜀，自此巴蜀文明融入中华文明之中。秦国在这块疆域上设立了巴郡与蜀郡，4年后“巴”和“蜀”合并，发展成如今我们耳熟能详的“巴蜀地区”。

占地为王，巴蜀地区的前世今生

在历史学家的眼中，巴蜀地区可谓是史前文化最重要的一环，其中最让考古学家津津乐道的莫过于在1934年所发现的三星堆遗址。三星堆遗址也是目前所发现的巴蜀文化最早的起点，那么巴蜀文化的根源又是如何构成？其最初的发展为巴蜀文化后续的发展带来了怎样的影响呢？

其实，巴蜀文化的雏形早在远古时代便已出现，在巴蜀地区历史记载中，第一个在巴蜀称王的人叫蚕丛，而他的出现奠定了巴蜀地区日后千年的发展方向。众所周知，巴蜀地区地大物博，农业发展更是远远胜过其他地区，蜀国在蚕丛的带领下，百姓纷纷以养蚕为生，在短短的几年间四川的养蚕业逐渐发展了起来。

据《字源》记载，蜀国之所以取名为“蜀”，跟蚕丛的统治大有关系。“蜀”甲骨文字形跟蠕动的蚕一般，意指以养蚕为生。

在蚕丛的统治下，蜀国的农业日渐兴旺，在钟灵毓秀的地理环境中以及注重农业发展的君主统治下，蜀国往后千年的发展均建立在出色的农业基础上，而养蚕事业的发展更是衍生了后来的蜀锦、蚕丝等巴蜀特色商品。

蚕丛是巴蜀文化不可忽视的存在，在《华阳国志·蜀志》中被称作蜀人的先王。而当地人们为了歌颂他的功德，在他死后，用石棺将其尸身保存，并且埋藏地下，以保护尸身不被蛇虫毁坏。后来蜀国两易其主，先有柏灌一统蜀国，再有鱼凫接手蜀国。

如果说，蚕丛对于巴蜀文化的贡献是“从无到有”的话，那么鱼凫便是奠定巴蜀文化发展的基石。自鱼凫接手蜀国后，他领导蜀国百姓不断发展农业：除了养蚕为生以外，鱼凫更是将捕鱼的技巧传授给百姓，加上巴人（本是捕鱼为生）的迁入，使巴蜀地区的渔业得到了充分的发展。

在鱼凫以后，更有杜宇、开明两代蜀王，他们凭借着务农与治水的能力进一步外拓了巴蜀地区农业发展的边界，将生存与发展的技能教授给巴蜀子民。养蚕—捕鱼—务农—治水，蜀国建立初期的统治者围绕着农业发展建立起了一个有机的系统，而作为巴蜀农业发展的载体，四川丰富的自然资源承担起了发展的所需，成就了日后天府之国的佳话。

巴蜀千年，是崛起还是灾难?

说起巴蜀，相信人们第一时间想起的便是三国时期的蜀国，而对于部分历史学者而言，真正具有研究价值的巴蜀文化正是从三国时期的“蜀汉”的开始。

巴蜀文化的第一次高光时刻便是三国时期刘备在四川称帝，将“蜀汉”的名字烙印在历史的长河之中。后来，这个豪情万丈的时代以及罗贯中所撰写的《三国演义》，为这片乐土赋予了不一样的意义，也留下了这么一句在当地小有名气的话：“蜀中自古多才俊，多少豪情志气，化作点点闲情。”

可以说，三国时期的巴蜀正式站在了文化发展的起跑线上，巴蜀的物质文明以及精神文明都在此阶段达到了一个高度。

然而，巴蜀地区的发展也并非一路高歌，在历史的长河中，巴蜀地区由于物质文化的迅速发展、地域的特殊性以及川商的集体能力等因素，经历了无数次大大小小的繁荣与挫败。在唐宋时期，巴蜀地区的经济地位飙升至全国前列，当时的巴山楚水可以说是王侯将相的最爱之地，而一直到北宋时期，巴蜀地区的物质文化以及精神文化发展都处于顶峰，宋真宗时期在巴蜀地区设立了四个行政区，被称之为“川峡四路”，也就是后来人们将巴蜀地区称之为四川的原因。

但好景不长，在随后的岁月里，巴蜀地区经历了多次战争。元朝，汉中地区被划入了陕西；清朝，遵义被划给了贵州省，而甘孜、阿坝等地区也有行政区域变更。

新中国成立以后，四川版图重新划定，四川方才是我们如今看到的模样，但与历史上的巴蜀并不完全重合，如今我们所言的巴蜀也并不仅仅只指四川，但四川是巴蜀文化最主要的载体。

关于巴蜀地区文化的繁荣与分割在往后的内容中我们会一一细说，而在巴蜀文明发展的初期，由于地域问题以及盆地思维的束缚，在很长一段时间内，蜀人占地为王，甚至在秦国统一蜀地后巴蜀地区依然与川外各地交流甚少。巴蜀地区由于群山环绕，经济、文化发展理应滞后，其发展初期情况也的确如此，直到那么一群人出现，改变了巴蜀地区的命运……

破茧而出：从克服蜀道难开始

著名学者谭继和曾经说过：“没有蜀道，就没有天府之国；反之，没有天府之国，也就没有蜀道的扩大发展。”巴蜀文化的繁荣，始终离不开蜀道的发展。古往今来历代君王纷纷致力于修葺蜀道，一方面巴蜀地区先进的农业对国家发展有着极大的益处，蜀道作为连接巴蜀与外界的唯一渠道，重要性不言而喻；另一方面，由于巴蜀地区群山环绕，要来往必翻山，蜀道可以最大限度地降低交通成本，然而群山险峻，建蜀道的难度远远高于一般工程，因而虽然历代君王均有意修葺蜀道，可事实上却大多无功而返。

万众一心，走出盆地辟蜀道

说起蜀道，基本所有人都无法忽视李白的这句诗："蜀道之难，难于上青天！"《蜀道难》为蜀道的险峻贴上了深刻的标签：比上青天还要困难的蜀道，让人闻之失色，加上"天梯石栈相钩连"的栈道凌空于悬崖边上，这无疑成了蜀地独特的地方特色。

虽然，在如今许多地方都将蜀道打造成文化旅游特色景点，然而在千百年前险峻的蜀道却是阻碍川人走出蜀地的最大阻碍。众所周知，四川区域除东侧的长江三峡有些许缺口外，其他部分均被群山环绕着，密不透风。

然而，这一切并没有让蜀国的百姓止步不前，他们摒弃了自给自足的生活，立志走出川地。也正是在这样的地理环境下，古代蜀国百姓花费了数百年的时间开凿蜀道，在华夏历史长河中上演了一幕"人定胜天"的励志大剧。

南朝梁简文帝有诗云："建平督邮道，鱼复永安宫。若奏巴渝曲，时当君思中。巫山七百里，巴水三回曲。笛声下复高，猿啼断还续。"通过诗篇我们可以看出，早在南朝之前，巴蜀地区连通外域的蜀道便有多条，而每一条蜀道都是百姓对群山抗争所得到的成果，是蜀民为了走出四周封闭的四川盆地而做出的努力。

悬崖峭壁、奇峰峻岭，险峻的天梯与栈道承载了巴蜀先民的汗水与智慧，展现出了千年以前巴蜀人的坚韧与勇气。

金牛道：蜀道的鼻祖

在古代，巴蜀地区可以说是让百姓闻之变色的地区，无论是商人还是官员都不愿意踏上蜀道，甚至在当时有传言说：相比起出征打仗，走蜀道让人更加觉得恐惧。唐代著名诗人杜甫在带领全家逃难成都的时候，曾经写下这样的诗句："二十一家同入蜀，惟残一人出骆谷。自说二女啮臂时，回头却向秦云哭"，既表现了战乱带给人民的伤害，也写出了入蜀的艰辛。

古往今来关于蜀道修葺的记载多如牛毛，从君王下令大兴土木到百姓自发修葺，巴蜀地区的历史发展在一定程度上被看作是人类与自然之间的战争，而正式揭开这场人与自然的战争序幕的乃是战国中期的一场战役。

战国时期周慎靓王姬定六年，蜀王杜芦派大军击退巴国军队，得势的蜀王下令开凿蜀国对外的道路，以便迅速出兵打击来犯国家，然而正是金牛道的开凿颠覆了建国多年的蜀国的命运。《本蜀论》中记载："秦惠王欲伐蜀而不知道，作五石牛，以金置尾下，言能屎金，蜀王负力，令五丁引之，成道。秦使张仪、司马错寻路灭蜀，因曰石牛道。"由此可见，金牛道加快了秦国灭蜀的脚步，公元前316年10月，秦惠王派秦兵入蜀，几经波折后吞并蜀国，将巴蜀地区融入了华夏文化当中。

根据史书记载，秦王灭蜀之时，金牛道仅由汉中通往成都，与关中地区之间依然隔着秦岭，两地之间依然存在着看似不可跨越的阻隔。因此，秦灭蜀国后，秦王大肆经营蜀地，并且将连接金牛道的目光落在褒斜道上。

褒斜道本是当时秦蜀间相连接的一条小山道，灭蜀后秦王将褒斜道的山谷道路开凿为栈道，从而构建起了第一条从成都地区到关中地区的完整蜀道，且通过蜀道引入了无数关中地区的秦民，将中原地区的先进文化与技术传入四川，而巴蜀地区先进的农业技术也传到华夏各地。

《雍大记》记述：“连云叠嶂，壁立数百仞，幽邃逼窄，仅容一人一骑；乱石嵯峨，涧水湍激，为蜀道之最险。”可见当时蜀道虽建成，但却险阻重重。

但无论如何，金牛道的开凿是打开蜀地与其他地区连接的开端，巴蜀地区也迎来了历史上的第一次飞跃式发展：不久的以后，巴蜀地区在经济、文化等方面都达到了当时全国的先进水平，秦朝以后的四川地区更是呈现出了民殷地富的繁荣气象。

秦岭四道，四通八达远流长

关中平原与成都平原均被称为先秦时代的天府之国，而在此两地之间却始终隔着两座大山——秦岭与大巴山。为了横跨这两座大山，连接蜀地与长安之间的经济与文化交流，古人建立了横岭四道通蜀连汉，除了上文所提及的褒斜道以外，还包括了故道、傥骆道以及子午道，其中每一条蜀道都记录了当时君侯与百姓的智慧以及巴蜀地区对华夏发展的重要性。

故道，又名陈仓道，起于陈仓，经凤县顺嘉陵江河谷而下，最终抵达汉中。由于当时秦国设立有故道县，因而名为故道。就秦汉时期而言，故道是最平坦的蜀道，同时也是当时进入蜀地最主要的道路之一。

《史记·淮阴侯列传》中所记载的“暗度陈仓”便是发生在陈仓道上的故事：秦朝灭亡后刘邦被封为汉王，日后出蜀之时他走的便是故道。在秦王朝分崩离析之后，出现了刘邦与项羽之间的“楚汉之争”，期间刘邦采取了韩信的计谋，表面上派一万精兵修葺被烧毁的栈道，摆出即将要出兵的架势，另一方面他暗地里从陈仓道回到关中，并且成功夺取关中，拥有了与西楚霸王项羽争霸的资本。而五百余年后，唐玄宗入蜀避难同样从陈仓出发，途经凤县入蜀。可见故道之于巴蜀之地在过往千年中始终是最主要的通道。

傥骆道，由于其南口位于汉中的傥水河岸，北口位于骆峪，因而取名傥骆道。傥骆道是入蜀栈道中距离最短的，可由于地势险峻，通行需翻越多座高峰，因而在历史上所记载相对较少。该蜀道于三国时期的记载中最为常见，公元224年，曹爽率兵伐蜀便是由此道通行，二十余年后姜维同样领军从此踏上伐魏的道路。

子午道作为秦岭四道之一，其历史价值同样不可忽视。古人将方向与时辰相联系，正北被称作为“子”，正南被称作为“午”，因此这条南北走向的蜀道得名子午道。《汉书》中对子午道有如此记载：“其秋，莽以皇后有子孙瑞，通子午道。子午道从杜陵直绝南山，径汉中。”最早的子午道在楚汉战争中被烧毁，直到西汉时期，王莽于汉平帝元始五年重新疏通子午道，并延长子午道直通长安，而子午道亦因此成了历代兵家必争之地。

从褒斜道、陈仓道、傥骆道以及子午道这四条古蜀道可以看出古人为了连接巴蜀与中原所做的努力，其中所包含的不仅仅是历代君王对巴蜀的物质需求，更展现出了巴蜀人们为了走出盆地而做出的努力。自金牛道开凿以来，巴蜀地区在经济、文化等各方面都得到了飞速的发展，为千年后四川的腾飞奠定了稳固的基础。

战乱中的雄关：一夫当关无人敌

回望两千年历史长河，巴蜀地区可谓是兵家必争之地。从战国时代的秦王入蜀到后来三国时期的刘备入川再到近代史上的“大后方”，巴蜀地区始终在历史上处于重要的位置。

为什么为将者都喜欢这个物质丰饶的盆地呢？为什么战火总是无情地蔓延到这片土地上呢？事实上最大的原因是巴蜀地区的地理优势。

自然天堑，兵家必争之地

冷兵器时代，谁能取得秦岭以南的四川盆地，谁往往能够成就霸业：早在先秦时代，秦国收复巴蜀后飞速发展，最终吞并六国，统一华夏，开启了华夏文明的新时代；三国鼎立时期，刘备占据巴蜀地区称王；隋朝末年，李渊奇兵南下攻占巴蜀地区，最终完成了大唐帝国的开国基业；宋太祖赵匡胤黄袍加身后也是立马下令攻占巴蜀，然后以巴蜀作为基础攻取江南，最终统一全国。

巴蜀如此重要，其中原因有二：一是巴蜀地区位于中国西南，蜀道连通南北西东，进可窥荆州、襄阳，占据中原命脉，退可自守一方悠然自得；二是通往巴蜀的蜀道险峻，相传三国时期魏国曹真率重兵伐蜀，途径子午道之时由于大雨连绵，栈道断绝，保得蜀国安稳。可见，蜀道以及连绵群山所形成的天堑可助守城者一夫当关，其自然资源胜过千军万马。

依靠巴蜀天险而多次化险为夷的还有南宋王朝。宋朝向来重文轻武，靖康之变后的南宋更是元气大伤，在与金、元的战争中节节败退。公元 1131 年，宋军在富平之战战败后，将领吴玠坚守秦岭的蜀道关口，并扬言："我保此，敌绝不敢越我而进，坚壁临之，彼惧吾蹑其后，是所以保蜀也"。在吴玠的坚守以及天堑的帮助下，最终宋军以数千残兵击退了十万金兵，打消了金兵攻占蜀地的念头。南宋能够在百余年间与金、元并存，秦岭群山与蜀道天堑可说是功不可没。

所以，对于当时冷兵器时代有志于王霸事业的天选之子而言，要得天下必须先得巴蜀，要得巴蜀必须先开蜀道。事实证明，不论是刘邦"暗度陈仓"抑或是诸葛亮五次北伐[①] 均展现出了巴蜀地区进

①《三国演义》中诸葛亮"六出祁山"具有夸大成分，历史上诸葛亮发起五次北伐，三次经由岐山道，另外两次分别经陈仓道与褒斜道。

可攻退可守的优势。随着时代的发展，巴蜀地区的地理优势不仅仅成为了兵家排兵布阵的首要考虑因素，同时也造就了一段又一段悲壮豪迈的史诗和故事。

历史之谜，子午谷奇谋的成败

若要在历史长河中寻找巴蜀地区自然天堑的高光时刻，那么这定非三国时期莫属。

三国时期，刘备率领众将士占领巴蜀，并且占地称王建立了蜀汉，随后在多次战役中蜀国均利用巴蜀地区的天然优势化险为夷，其中最让后人津津乐道的莫过于公元 263 年，司马昭率领 18 万大军分别从褒斜道、傥骆道、子午道等多条蜀道进攻蜀汉。面对着汹涌而来的千军万马，蜀汉一时间危在旦夕。幸而当时的蜀汉大将姜维退守剑门关，利用雄关天堑以一己之力将曹魏大军阻挡在外，方才解得蜀汉燃眉之急。

然而，对于大多数的历史学家以及三国爱好者而言，他们所关心的并不是蜀道的险峻，也不是巴蜀地区的最后归属，而是如果诸葛亮采用了大将魏延提出的子午谷奇谋，蜀国一统三国是否又多了一分希望？

所谓的子午谷奇谋是蜀汉大将魏延针对诸葛亮伐魏所提出的一个建议：由于子午道直通长安，而当时长安是魏国五都之一，若能奇袭长安则可大大削弱魏国的势力。因而，魏延计划率领五千精兵，从子午道出发直奔长安，以迅雷不及掩耳之势奇袭，然后由诸葛亮从褒斜道进攻长安，两军会合直捣黄龙。

然而，诸葛亮三思之后认为此举过于凶险，并且成功率不高，因此弃而不用，而选用了“安从坦道”① 的谋略，引得魏延大大不悦，甚至为日后谋反埋下了种子。就历史而言，诸葛亮五次出蜀均无功而返，因而后世经常有人叹息：若采用子午谷奇谋，或许蜀汉一统三国便多了几分希望。

但就当时情况而言，诸葛亮对子午谷奇谋有所担忧亦并非不可理解。要知道子午道险峻，稍有不慎便可能全军覆没，如此一来为人谨慎的诸葛亮定会否定这个建议。而随后的历史发展也证明了诸葛亮的忧虑并非毫无道理：东晋时期，司马勋想从子午道进攻长安，结果半路遭遇前秦军，由于蜀道狭窄无处可逃，因而司马勋一行全军覆没；明朝末年，闯王率领五万兵士欲从子午道直取西安，结果山路凶险，中途被孙传庭的两万新兵伏击，闯王被俘。

由此可见，子午道虽为巴蜀地区有名的蜀道，但其地势险峻，不少有勇无谋之士均在此处战败，而诸葛亮作为谨慎用兵之人定然知道一旦采用子午谷奇谋，会让蜀国陷入破釜沉舟之势，于是拒绝了魏延的建议。

其实，纵观三国时期蜀汉的排兵布阵，其多利用蜀道的凶险去抵抗外敌，从子午道击退曹真、剑门关击退司马昭等事例便可见一斑。而出兵征伐多通过岐山道、陈仓道等平坦道路进行；平日蜀汉均驻重兵把守，意在将外敌带到险峻蜀道，为蜀汉大军营造“一夫当关，万夫莫开”的自然优势。可见当时险峻的子午道、傥骆道等

---

①《三国志·蜀书·刘彭廖李刘魏杨传》有云：亮以为此县危，不如安从坦道，可以平取陇右，十全必克而无虞，故不用延计。

蜀道对蜀汉的坚守带来了如何积极的作用。

蜀地咽喉，万夫难开剑门关

拥有险峻蜀道的巴蜀地区无疑是历代兵家争夺的宝地，险峻的地形使巴蜀地区易守难攻，丰富的物质资源也能够很好地保障军需，对行军打仗有着极大的支持作用。然而，真正让无数王侯将相所垂涎的并不仅仅于此，对于冷兵器时代的将军而言，真正让他们垂涎的是那千百年来的“网红雄关”——剑门关。

早在唐朝，诗人李白就写过“剑阁峥嵘而崔嵬，一夫当关，万夫莫开”作为巴蜀地区最著名的天然雄关之一，剑门关两旁悬崖峭壁，如无数大小剑锋对峙，中间仅有窄窄通道，长约三十里直通蜀地，乃冷兵器时期最重要的军事要塞之一。

即使不熟悉巴蜀历史，大家也都知道剑门关。现在的剑门关风景区主要由剑门关楼、剑山七十二峰、石笋峰、古栈道等多个景点组成，曾被多家专业媒体评为四川最有文化价值的景点之一。然而，在一千多年前剑门关并不是如今这般风景如画，在历史的长河中剑门关始终沐浴在战火当中。让后人感到惊讶的是，在冷兵器时期的历史记载中，剑门关是唯一一座没有被正面攻破过的关卡。

关于剑门关的地理优势以及其军事价值，张载曾在《剑阁铭》中有云：“岩岩梁山，积石峨峨。远属荆衡，近缀岷嶓。南通邛僰，北达褒斜。狭过彭碣，高逾嵩华。惟蜀之门，作固作镇。是曰剑阁，壁立千仞。穷地之险，极路之峻。”

剑门关建立在三国时期，其高 20 米，宽 18 米，深度约 17 米，在冷兵器时代要攻克如此关楼实属不易。当年，诸葛亮行至剑门蜀道，发现此处断壁高耸入云，天开一线，因而在此垒石为关卡，命名为剑门关。后来，剑门关在多场战役中屡立奇功，帮助诸葛亮五次北伐，大将姜维更是在剑门关击退魏军，保住了苟延残喘的蜀国。

在现有的古籍记载中，剑门关经历了上百次战争，而这座关楼一直不辱使命，始终守护着巴蜀地区，千余年来从未被正面攻破。正如杜甫在诗中所云：“一夫怒临关，百万未可傍。”

如今，剑门关在经历了千余年的战火洗礼后功成身退，成了巴蜀地区有名的风景区。曾经万夫莫敌的关楼如今安上了索道，架起了悬空玻璃桥，现世安稳下，人们随意可登上关楼，站在书写着“天下雄关”四个金色大字的牌匾下，俯瞰巴蜀美景。

蜀道之险，莫过于剑门关；巴蜀之美，立于穷地之险。站在剑门关上，感受云难登顶、鸟难过壁的关楼风采，感叹千古风流人物如悠悠浮云，往日兵戎相见处如今人来人往，这是时代给予我们的厚礼。

南通北联：巴蜀的地理优势

随着蜀道的开凿，巴蜀地区一举成了历代君王眼中最重要的存在。

千年蜀道，古代交通的活化石

蜀道的诞生并不仅仅是为了战争，其更是在和平时代让文化与贸易发展交流的通道。它一举打通了华夏文明中的三大“天府之国”。

蜀道的开凿无疑对“天府之国”成都影响最为深刻。尤其是在都江堰水利工程后，成都平原凭借着自身出色的农业资源，发展迅速，粮食产量大增，而南通北联的蜀道则促进了巴蜀地区的农业贸易。

对于巴蜀地区而言，连接成都与关中是其经济发展的开端。正如上文所述，金牛道—褒斜道的建成让成都与关中得到了连接，而关中地区自秦朝时期修建郑国渠以后，多年来一直保持着繁荣与兴旺，《史记・留侯世家》中有云：“关中左崤函，右陇蜀，沃野千里，此所谓金城千里，天府之国也”。关中地区的兴旺离不开巴蜀地区的农业支持与辅助，在物质可通过蜀道输送的支持下，关中地区成为了中国历史上多个朝代的政治经济文化中心。

汉中地区同样在古代被称为“天府之国”，其经济在两汉时期崛起，被后人称为“汉家发祥地，中华聚宝盆”，甚至在千年以后的宋朝，与开封、杭州、成都并称当时的四大商业中心。由于汉中地区与巴蜀地区地理位置接近，因而两地来往密切，尤其是蜀地生产的丝绸制品均通过汉中地区销售，两地形成了紧密的合作关系。

通过那一条条看似险峻的蜀道，真正实现了汉中地区、关中地区以及巴蜀地区的经济交流，为中国古代经济发展奠定了稳固的基础。

文化之旅，一骑红尘妃子笑

在众多的蜀道中，荔枝道是唯一一条以食物命名的道路，而其名号便是源自杜牧《过华清宫》中的那一句："一骑红尘妃子笑，无人知是荔枝来"。杨贵妃爱荔枝，唐玄宗为了满足宠妃的喜好，修葺了一条专供荔枝运输的驿道，因为运送荔枝，这条蜀道也极具盛名，甚至直接以荔枝命名。

荔枝道虽然是因为北运荔枝而有名，但这条荔枝道并不是在唐代才修建，而是早在秦汉便已有雏形[①]。据说，在石器时代古代先民南北迁徙，荔枝道便是其中进入巴山与蜀地的一条重要通道。

荔枝道由南北两段组合而成，北段袭用子午道，其从长安一路延伸至子午镇，而南段则从子午镇一路延伸至重庆，形成如今的荔枝古道。关于荔枝道的记载，最早的文献是《晋书·宣帝纪》，"魏太和四年（230 年），迁大将军，加大都督、假黄钺，与曹真伐蜀。帝自西城斫山开道，水陆并进，溯沔而上。"从中我们可以看出，早在三国初年这条道路已经成型，也是当时司马懿伐蜀所经

①也有说荔枝道早在石器时代晚期便已成型，但由于时代久远缺乏历史文献参考，因而该说法缺乏说服力。

之路。

然而，荔枝道在历史上的地位并不在于行军打仗，而是在于其对文化的输送。根据古籍记载，这条荔枝道在历史的长河中多次担当了文化交流的重担，甚至对当时关中地区与巴蜀地区的文化产生了十分积极的影响。尤其是在唐朝，由于杨贵妃的关系，荔枝道被赋予了数不清的文化内涵，其中也包括在当时最被唐代文人所青睐的诗歌。自从杜甫开创“咏荔模式”以来，在无数诗人创作过无数佳作，留下了“天下诗人皆入蜀”的诗句，可见当时以成都为中心的蜀地拥有着怎样的重要地位。

荔枝道在唐代也不仅仅是一条简单的运送荔枝的通道，其也代表了当时唐代驿路与交通的建设成绩。《方舆胜览》卷六八引《洋川志》：“杨妃嗜生荔枝，诏驿自涪陵由达州取西乡入子午谷至长安才三日，香色俱未变。”正因为有了荔枝道，运送荔枝的人马方能够在三天时间内从涪陵赶到长安，甚至在到达长安时荔枝依然新鲜香甜，色香俱全。根据学者严耕望先生分析，从涪陵赶往长安陆路少说两千里，而要在三天内从涪陵通过子午谷直通长安，唐代的急驿需要日行六百余里，故而方有“人马毙于路者甚众，百姓苦之”一说。

不得不承认的是，荔枝道虽然在秦汉时期便成型，然而真正赋予它历史意义的却是数百年后的唐朝。为了满足杨贵妃的嗜好，荔枝道成为了唐朝最重要的驿路，但随着安史之乱的发生，荔枝道逐渐失去了原有的地位，到后来更是成了仅供私人行旅的普通道路。

明清两代重新启用荔枝道，荔枝道成了当时巴蜀商贸发展的一条重要道路。新中国成立以后，荔枝道成了历史文化遗产之一，完好保存至今。

民族融合，多元化文明的形成

巴蜀地区，虽位于我国西南方向，但形成了一个四通八达的交通网，从蜀地走出的足迹遍布世界各个角落。这一切仿佛早在千年之前便已经有了雏形。

早在千年前，古蜀人在道路交通方面的探索便已经显露出来。一来历代君主为了获得蜀地资源而大力发展蜀道建设，在一定程度上促进了开通修葺蜀道的历史进程；二来巴蜀百姓有一种与生俱来的探索欲，因而开拓出一条条通往华夏各地的道路。

四川大学教授谭继和在谈论蜀道历史内涵的时候提出："蜀道不是线性的道路，而是商业、文化和社会网络化道路的结晶体。蜀道'五里一场，十里一镇'的道路规划，将整个四川都围建在一个四通八达的网络之中。"大大小小的蜀道就像是一条条以巴蜀地区为中心的放射线一般，把巴蜀人们的足迹带到各地，也让各地百姓能够来往巴蜀，颇有一番"喜迎天下客"的意味。

而蜀道的四通八达同时也将巴蜀地区的自然优势发挥得淋漓尽致，《史记·货殖列传》写道："隙陇蜀之货物而多贾。"可见在千年以前巴蜀地区便已经通过蜀道将货物送往秦陇等地区进行交易。而随着时代的发展，蜀道更是帮助巴蜀地区将各种各样的商品送往全国各地。

其中，蜀道连通南北丝绸之路的壮举更是让其在历史的长河中写上了浓厚的一笔。此处我们不得不提一个名叫张骞的蜀人，他孤身一人出使西域，将蜀道延伸至西域，并且打通了后世闻名的丝绸之路。

这位出生在蜀道上的男人为了寻求中亚友好关系，在 13 年间不断前行，最终他在数不尽的挫折与困难中脱颖而出，成功横跨西域，以和平的方式实现了蜀道的延伸，为蜀道注入了促进民族融合、实现多元化发展的文化内涵。

如今，我国倡议的“一带一路”亦有着当年张骞开拓丝绸之路的影子，作为促进蜀道延伸的第一人，张骞首次利用蜀道实现了民族文化融合的惊人壮举。

随着张骞的壮举，丝绸之路成了蜀道的延伸，千年来由于蜀道的存在而让华夏民族文化乃至于中外文化得到了充分的交流。如今，巴蜀地区依然被看作一个“内外兼备”的地区，从其内在的文化与物质资源到其外在四通八达的交通渠道，巴蜀地区将自身的地理优势发挥到了极限。

从丝绸之路可以看出，巴蜀地区逐渐在历史的发展中成了整合文化的中心地区之一。

盘旋大地的神迹：蜀身毒道与茶马古道

丝绸之路促进了经流、文化交流。在丝绸之路开拓之前，聪慧的蜀人便已经在群山峻岭中开拓了一条通往南方的“民间通道”，后世称为“蜀身毒道”。

蜀身毒道，尽显民间智慧

公元前122年，张骞从西域归来，除了打通西汉与西域之间的连接以外，更是带回了一个惊人的发现，根据《史记·西南夷列传》记载：及元狩元年，博望侯张骞使大夏来，言：“居大夏时见蜀布、邛竹杖，问所从来，曰东南身毒（今印度）国。”要知道，汉武帝之前的古籍上从未有过蜀地与西域通商的记录，而张骞却发现了大量产于四川的蜀布和邛杖，可见在此之前蜀地早已与西域诸国产生了贸易来往。其实早在春秋时期，蜀人便已经在群山间开辟了一条通往南亚大陆的通道，而正是这么一条通往身毒的道路让印度洋的文化与物质走进了巴蜀地区。

得知了这个消息的汉武帝大喜过望，为了打通西南到外境的官道，汉武帝命张骞为博望侯，以蜀郡为据点探索连通身毒（今印度）的道路，开拓一条能容官方参与的贸易之路。然而，西南各少数民族以及各部落的头领为了垄断过境资源，对官道开辟队伍拼死抵挡，因而在往后十余年间，汉武帝仅打通了成都到洱海地区的道路，官道未能抵达大理一带，因而当时官方仅能以各部落作为中介与印度、大夏商人交易。

由此可见，在汉武帝之前，蜀身毒道为蜀国商贾所用的“走私通道”。众所周知，千年以前蜀国的丝绸与茶叶等农产品质量水平远远高于其他地区，尤其是蜀国的丝绸更是品质上乘，《蜀都赋》中曾经对蜀国的丝绸做了如下记录："黄润细布，一筒数金"，意思是蜀国的黄色丝绸更是在当时享有盛名。为此，蜀国百姓不惜大费周章开辟了这条连通云南、缅甸、印度等地的通道，由蜀国商人长途贩运商品到印度等地出售，进而再由印度人转手交易到亚洲各国以及地中海地区。

古梵文文献中记载，由于蜀身毒道连通云南、印度等地，因而沿途的不少地方文化出现了交融与变化，尤其服装文化更明显。有学者推敲，印度的丝绸衣衫很可能便是蜀人通过蜀身毒道传播，而在印度宗教中的湿婆神钟情黄色的丝织品，这种黄色丝织品大概率便是《蜀都赋》所言的"黄润细布"。

不管如何，蜀身毒道的开凿的确让蜀地的商业发展以及文化交流更上了一个台阶。蜀人牵马驼着蜀布与丝绸从蜀地越过群山，抵达腾越后与身毒商人交换物品，部分商人更是越过亲敦江和那加山脉，亲身前往印度，将印度的玻璃、宝石等运回巴蜀。如此一来一回间，巴蜀地区的文化以及物质水平在当时远远高于其他地区。

而当时的中原地区对此却是后知后觉，直到张骞通西域后，汉武帝惊觉蜀身毒道的存在后方才醍醐灌顶，对蜀身毒道实施大规模的开发。《史记·平淮书》载："唐蒙、司马相如开路西南夷，凿山通道千余里，以广巴蜀。"公元69年，汉武帝以军队作为先驱，强行开凿通往大夏的官道，并且以武力将西南一带的官道通至洱海地区，并在西南边地设立永昌郡，自此蜀身毒道全线贯通，后被世人称之为南丝绸之路。

茶马古道，茶香悠远

丝绸与茶叶是巴蜀地区最重要的地方商品。古代蜀地百姓为丝绸、蜀布等纺织品开拓了古今闻名的蜀身毒道，将蜀地纺织品传播到了云南、印度等地。相比之下，蜀茶的普及程度远远不及纺织品，在当时多为巴蜀地区内或是王室贵族饮用。

据《晋书》记载："蒙山在雅州，凡蜀茶尽出此。"当时的雅州在如今的雅安境内，多部古籍均有力证实了雅安乃世界茶文化的发源地之一。最早，茶并非普通的饮品，而是因为具有药用功能才逐渐流传开。大唐先后与吐谷浑、吐蕃、突厥等地开展贸易，中原王朝主要以丝绸换取西域的战马以及其他畜牧业产品，后人将此称作为"绢马交易"。

然而，这种交易并没有维持很长的时间，毕竟丝绸对于西域人而言不过是一种锦上添花的布料，而中原王朝则一直渴望能够获得足够的战马，因而在不平等的需求下，西域人多次坐地起价。根据《旧唐书》所记载："自乾元之后，屡遣使以马和市缯帛，仍岁来市，以马一匹易绢四十匹，动至数万马。"不平等的绢马交易很快就给大唐带来了无法承担的经济负担。

面对如此巨大的贸易逆差，大唐逐渐开始推行"茶马互市"，中原王朝的贸易品从可有可无的丝绸变成了茶叶。早在汉代开始，蜀国的茶叶便已经在王室贵族间负有盛名。一方面由于历代和亲的队伍会将蜀国的茶叶带到邻国的王室贵族当中，饮茶逐渐成了吐蕃、匈奴、吐谷浑等国家贵族的日常习惯。茶叶能够帮助消化解腻，保持人们的健康，因而茶逐渐其成了西域民族不可缺的食物，甚至流传着“宁可三日无粮，不可一日无茶”的谚语。

相传，文成公主在和亲的途中一路跋山涉水，途经青海的时候不少随从相继病倒，太医多次诊治亦无良法。文成公主得知后，吩咐随从取出从宫中带来的蜀中贡茶，命侍女煮开后供患病的随从服用，不多日病者便神清气爽，病症全消。经此一事后，蜀国的茶叶逐渐在藏区享有极高的声誉，无论当地富贾抑或百姓均对蜀国茶叶略有耳闻。

正是由于多年来的文化铺垫以及文成公主的影响，茶叶成了当时藏区奇货可居般的存在，从而也促进了大唐成功推行“茶马互市”的政策，而双方进行茶马贸易所形成的交通路线则被后人称作“茶马古道”。

然而，这条连通蜀藏的茶马古道并不如我们所想的平坦。据史料记载：茶马古道全长约四千七百华里，所过驿站五十有六，渡绳桥十五，渡铁桥十，越山七十八外，越海拔九千以上高山十一，越五千以上高山二十又七，全程非三个月的时间不能到达。

由于路途险恶，因而从巴蜀地区出发的马帮不得不行走三个月以上方能完成一次茶马交易，经常会有马匹与马夫消失在途中。然而，自然的条件险恶并没有阻碍巴蜀商旅前行的脚步，几百年来他们牵着骡子走在崎岖险峻的小路上，更有不少蜀人为了过上温饱生活毅然选择了背夫的职业。

如今，茶马古道已经成了雅安的风景游览区，当我们踏上数百年前先人曾经踏足过无数遍的青石板路，仿佛依然能够看到蜀人牵着驮马在茶马古道艰难前行的景象。正是茶马古道的出现以及巴蜀人坚韧不拔的精神，让汉藏两地结下了深厚的民族情谊，成就了汉藏两地文化的碰撞与交流。

第二章　被历史记载的群星

历史，是一扇门。

在门的后面，是通往天际的道路，闪烁着无数耀目的星星。他们是时代的引领者。他们的事迹，让波澜不惊的历史变得壮怀激烈。他们的身上总有着那么一种让人折服的优良品质，在大浪淘沙中，始终闪烁着耀目的光芒，指引着后人前行。

历代精英，国士无双

上一章说过，由于巴蜀地区四面环山，因而无疑是一块易守难攻的“宝地”。但也因为如此，巴蜀地区作为兵家必争之地，在历史的长河中常常处于战争当中。战火蔓延之处，巴蜀地区百姓展现出了锲而不舍的坚韧品质，在巴蜀发展的历史中，数不清的英雄豪杰名留青史，为巴蜀地区增添了不少光彩。

忠肝义胆，巴蜀文化中的碧血丹心

无数蜀将在历史的长河中脱颖而出，他们忠肝义胆不为名利所诱，面对一场又一场硬仗毅然舍生忘死守护乡土，哪怕马革裹尸亦难掩一身铁骨铮铮。直至如今，“无川不成军”的口号依然传遍大江南北。

忠肝义胆，是川军身上永远的标签。从战国时代开始，巴蜀祖先便已经将忠义融进了骨子里，并且一代又一代薪火相传。在战国时期，巴国的蔓子将军便因忠义诚信而名震四方，直至如今他的故事依然为人们津津乐道。

根据史料《华阳国志》与《蜀中名胜志》所记载，蔓子是战国时期巴国的一名边境将军，其诚信口碑响彻中原，每个人提起他的名号都不免心生敬意。蔓子为了平息巴国内乱，不得不来到楚国，希望动员楚国派兵支援。

然而，当时楚国正一心吞并巴国，看到巴国内乱楚王心中暗喜，又岂有出兵平乱之理。然而，楚王看在蔓子将军在中原尚有几分名气，不愿直接拒绝蔓子所求，转而提出让蔓子割让三座城池，且将质子送入楚国当作担保。一心想着救国的蔓子希望楚王立即出兵支援，又岂能耗费时间等质子入楚？因而蔓子告知楚王愿以头颅担保出兵相助后定遵守诺言。

楚王深知蔓子将军为人一言九鼎，因而让蔓子带兵回巴国平定动乱。之后，楚王派使者让蔓子出让三座城池，此时蔓子告知使者，当初自己救国心切而答应了楚王的要求，但巴国领土定是寸土不让。蔓子抽出佩剑，告知使者当日自己许下承诺以头颅担保，今日既不能交出三座城池便将头颅交给楚王。说罢，蔓子将军拔剑自刎。当使者带着蔓子将军的头颅回国复命时，楚王感动万分，下令厚葬蔓子将军的头颅。

蔓子将军的故事在后世广为流传，而“断头将军”的威名更是影响了巴蜀一代又一代的将领。史传：刘备入川占领蜀中后派兵攻占巴郡，巴郡太守严颜虽然顽强抵抗，但最终依然落得城池陷落的下场。严颜被张飞擒获了以后，面对招降正气凛然，告知：这里只有断头将军，没有投降将军，说罢便拔剑自刎。

为纪念严颜对旧主的忠肝义胆，当地民众自发为严颜将军兴建陵墓，至今四川南充市蓬安县依然保留着一座严颜墓，供后人敬仰，终年香火不断。

在巴蜀发展的历史中，如此宁可头颅不保亦不忘忠义之士比比皆是。也许这正是巴蜀地区子民骨子里所烙印着的“盆地意识”：择一城而倾己所有。正是在如此精神下，方才有了抗战期间数百万川军为保家卫国奔赴抗日前线的激昂事迹，将川人的忠孝节义展现无余。

大禹治水，家喻户晓的巴蜀故事

巴蜀地区充足的水资源让当地万物发荣滋长，世代巴蜀子民在千水滋养下茁壮成长。

巴蜀虽位居内陆，但境内水资源出奇充足，巴蜀地处长江水系范围内，其中的四川省更被称作千水之省，四条大江途经蜀地绵延出川，为境内奉献出不竭的活水资源。但祸福相倚，巴蜀地区早年常受洪水灾害影响，以致当地百姓民不聊生。在水害面前，巴蜀子民并没有自怨自艾，而是展现出一种百折不挠的坚韧精神，展开了一场人与自然的顽强抗争。

在历代巴蜀名人中，有那么一个人两千多年来一直家喻户晓，他尽忠职守为做好水利工作尽心尽力，他的故事甚至被后世编成神话代代相传，上至九旬老人下至三岁婴儿都对他的事迹有所耳闻。他就是夏朝的开国国君——大禹。

根据史学家研究，禹生于西蜀（亦有一说大禹生于石纽），幼年随父亲鲧东迁来到中原。中原洪水泛滥以致民不聊生，《尚书·尧典》对此有云：“汤汤洪水方割，荡荡怀山襄陵，浩浩滔天，下民其咨。”可见当时百姓被滔天的洪水折磨得苦不堪言，尧帝命鲧治理洪水，鲧受命后努力九年依旧无法平息洪水灾祸。

眼看鲧无法治理水患，其子禹被尧帝任命为司空，继续治水。

禹受命后召集百姓前来协助，他每日观察河道，并且吸取了父亲鲧治水失败的教训，提出了改堵为疏的治水方案，带领治水的工人走遍各地开山筑堤，疏通水道，达到引洪水入海的目的。

为了尽快完成治水的任务，禹费尽心思，风餐露宿，三过家门不入，历经十三年，终究取得了成功，将洪水疏导到大海之中，消除了中原洪水泛滥的根源。由于治水有功，百姓将他称为“大禹”。大禹在治水过程中走遍了华夏各地，因而对各地的地形以及习俗了如指掌，他将华夏重新规划成九个州，并且为尧帝制定了各州的贡品品种。

多年来，大禹为国家劳心劳力，不仅根治了中原的洪水，而且对中原的地理划分也做出了巨大的贡献。舜帝在南巡中驾崩，天下诸侯纷纷拥护大禹为帝，并且将国号定为“夏”，大禹在深得民心的情况下开创了夏朝，揭开了华夏两千余年文明的序幕。

直至如今，巴蜀人们提起大禹均对其三过家门而不入的事迹称赞不已，虽然由于年代久远，大禹治水之事存在无数争论，但其反映了人民在征服自然的漫长过程中最真实的情感。远古的巴蜀地区水害较多，并且对百姓的影响极大，因而当地劳动人民对大禹视若神明，反映出巴蜀人民对征服自然的愿望以及对英雄的崇敬。

都江堰，巴蜀的守护神

古代的巴蜀地区是一个水旱灾害十分严重的地方，我们可以从李白的《蜀道难》中窥见一斑：“蚕丛及鱼凫，开国何茫然”，哪怕是蜀国的开国元祖蚕丛或是鱼凫，也难免为蜀国的洪水灾害感到茫然无措。

岷江是巴蜀地区洪水灾害的“元凶”，它是长江上游的一大支流，发源于四川与甘肃交界的岷山，向南流经四川省多个城市，水量较大，因而在途经西蜀等多雨地区时容易暴发洪水灾害。在一些史料当中，古蜀亦被称之为“赤盆”或“泽国”，巴蜀人民世世代代与洪水作斗争。

秦征服蜀国以后，为了巩固蜀地在军事上的重要地位，因而决定彻底治理岷江水患。秦王派精通治水之术的李冰担任蜀守，主管当地的治水工作。

受命后，李冰马不停蹄赶往蜀郡，希望能够尽快完成治水任务。然而当地的灾情与隐患却让李冰犯了难：岷江流经由成都平原北部，沿江两岸崇山峻岭，水流澎湃汹涌直通灌县，进入一马平川的平原，汹涌的水流往往在此冲破堤岸，以致泛滥成灾。

此外，从长江上游带来的泥沙也容易堆积于此，因而灌县附近河床相对较高，洪水隐患明显高于其他地区。而最让李冰感到头疼的是，在灌县西南有一座玉垒山，横亘于岷江之上阻碍了江水东流，因而每到洪水季节往往就会出现东旱西涝的局面。

为了解决问题，李冰跟他儿子二郎一路沿着岷江进行实地考察，且召集了许多有经验的农民对四周的地形和水情进行了解，最终李冰发现灌县常年涝灾的原因是引水渠设置不合理，洪水无法排出。

根据对当地地势和水情的了解，李冰决定将玉垒山击穿，将洪水引至常年干旱的东蜀。由于当时开山技术有限，因而李冰以火烧石，最终在玉垒山凿出了一个长 80 米的口子，由于其形状酷似瓶口，因而后世将该处取名“宝瓶口”。

在完成了引水工程后，李冰父子又完成了分水鱼嘴跟飞沙堰的修建，最终在八年的努力下完成了都江堰的雏形。为了时刻观察内江的水量，李冰更是雕刻了三个石人像立于水中，以“枯水不淹足，洪水不过肩”的方式来确定水位。

李冰所设计的都江堰水利工程对蜀地社会产生了极大的影响。都江堰工程落实后，困扰人民的水患彻底被根除。《华阳国志》在都江堰建成后如此描述蜀地：“旱则引水浸润，雨则杜塞水门，故水旱从人，不知饥饿，则无荒年，天下谓之天府。”

因为李冰，让蜀地的农业生产得以迅猛发展，成都平原被称为天府之国。巴蜀人民为了纪念李冰，将其尊称为“川主”。直至如今，民间依然传承着各种纪念李冰的活动，其所设计的都江堰在如今亦成为了世界水利史上光辉的一页。

千古词人，身先士卒抗洪灾

在往昔水利技术发展尚不成熟的情况下，每一个朝代都曾经经历过水旱灾害的侵袭。而成都地区由于在先秦时代便修建了都江堰，所以防涝防旱工作一直都颇有成效，没有再发生过特大的洪水灾害。都江堰让一代又一代的巴蜀子民学会对自然有所敬畏，并且将治水技术带到了各地。

在巴蜀地区发展的过程中，有那么一个人在当代可谓是人所皆知。他生于眉山（今四川省眉山市），在宋朝文坛中有至高无上的地位，他的文章流传万世，“明月几时有，把酒问青天”的歌声在民间传唱不衰，他正是唐宋八大家之一的苏轼。

鲜为人知的是，苏轼非但是北宋最有名气的文学家，同时也是历史上有名的治水之人。在宋神宗熙宁年间，苏轼任徐州太守，上任三个月后报黄河于澶州决堤，且在一个月后汇聚徐州城下，连绵大雨中水流不断冲击城墙，一时间徐州城人心惶惶。

当时的情况恶劣到何种程度呢？我们可从苏轼当时所写的《登望洪亭》中窥见一二：“河涨西来失旧锁，孤城浑在水光中。忽然归壑无寻处，千里禾麻一半空”。更让苏轼感到无奈的是，本想着与徐州百姓排除万难抵抗洪流，然而当地的富户却纷纷带着金银细软逃离徐州城，苏轼得知后自觉不妙，富户一走徐州城民心定然动摇，只会让洪水有机可乘。

于是，苏轼咬牙下令将富户拦回城中，他换上粗布麻衣亲自来到当地驻军的兵营，请求支援。军事长官看到太守亲自抗洪，被其感动，于是率领士兵加入抗洪队伍。在大家的齐心协力下，在城东便筑起了一道长堤，将洪水挡在城外。

但很快大家都发现了一个问题：暴雨昼夜不停，积水不断涨高，很快水位便来到距离城墙头三尺的地方。这时候苏轼也顾不上那么多了，为了稳定民心，他在城上搭了一个临时帐篷住在里头，并且调动官员日夜守护。徐州城百姓看到太守坚守在城头心里无比踏实，再也没有人生出逃跑的想法。

经过了几个月的艰苦抗争，十月的时候洪水逐渐退去，徐州城终于得以保全。为了避免再次出现大洪灾，苏轼决定进一步加固徐州的水利工程，落实增筑城墙等防洪工程。

十年后，苏轼担任杭州知府，当时的杭州并不像今天这般风景宜人，西湖一带由于常年缺乏治理而导致湖中淤泥堵塞，湖水无法外流。因此，在当时杭州每遇暴雨便会内涝，甚至西湖中的淤泥堵塞了杭州的水井，以致无水可吃。苏轼上任以后趁洪涝灾害尚未发生时着手解决杭州的水患。次年，苏轼率领二十余万群众疏通西湖，并且将挖出来的淤泥集中起来，筑起一道南至南屏山，北至栖霞岭的长堤，于长堤两旁栽种杨柳，修建亭阁，并连接六桥以便行人。自此，杭州西湖成为了国内首屈一指的风景区，而杭州人为了歌颂苏轼的功绩，将此长堤命名为“苏堤”。

苏轼在仕途中经历了数不清的起起落落，但唯一不变的是他处处为民的精神，所到之处均可听到百姓对他的赞赏与感激。重要的是，苏轼作为当时小有名气的治水专家，一生都在为国家整理水务：在颍州任上之时，苏轼否决了当时错误的水利提案，并且上奏朝廷帮助颍州修缮水闸，兴修水利；被贬岭南之时，苏轼前往惠州上任，当他得知当地城西丰湖一道长桥年久失修存在隐患时，二话不说捐赠家财帮助修桥；被贬海南时，得知当地居民经常饮用不干净的水而患病，苏轼带领村民勘测开凿水井，村民为了感谢苏轼恩德，将这口井命名为“东坡井”，村子也更名为“东坡村”。

苏轼治水的事迹史证很多，作为一名土生土长的蜀人，苏轼除了在文学上取得了傲视古今的成就以外，他也凭借自己对水利工程的认识造福苍生。

那一抹诗词歌赋

巴蜀在历史上展现出了一种多元的价值观。在军事上，巴蜀地区是独一无二的军事重地；在科学技术层面上，巴蜀地区的农业发展以及水利发展均远胜其他地区；巴蜀地区在文学方面的闪光点也从未被掩盖。

盛唐时期，民间便有“天下诗人皆入蜀”“天下文章出四川”之说，然而，巴蜀文学的辉煌并不仅仅在唐朝绽放。

两汉时期

汉代文学中最为后人熟知的莫过于汉乐府诗以及那盛极一时的汉赋。西汉，被称为“汉赋四大家”的名家中有两人出于蜀中。

“汉赋四大家”之一的扬雄从小学识渊博，年幼时出蜀游京师便以文名被召见，后追随汉成帝左右。扬雄一生著作颇丰，《甘泉》《河东》《羽猎》《长杨》四赋流传至今，乃汉代文学中不可多得的瑰宝，后人亦将他与司马相如并称为“扬马”。

后人耳熟能详的、弹出一曲《凤求凰》的专情才子司马相如出生于成都，年少好学，在二十多岁的时候出蜀入京师，并在机缘巧合下进入了仕途。但不多久，司马相如便以难遇知音为由辞官而去。在经过一番游历后，司马相如重返成都，但由于家贫生活十分潦倒。后来在机缘巧合下遇富商卓王孙之女卓文君。在司马相如弹罢一曲《凤求凰》后两人互生倾慕之情，相约私奔隐居田园。后来，汉武帝得见司马相如所写的《子虚赋》，对其赞赏不已，召见司马相如入宫。司马相如将与《子虚赋》相接的《上林赋》献上，汉武帝深知司马相如满腹经纶，因而命其为郎。

司马相如一生著作甚多，《汉书·艺文志》中记载他共写有赋29篇，但如今仅有6篇流传于世，代表作有《子虚赋》《上林赋》等。作为汉赋的奠基人，司马相如在历史上评价甚佳，如今在成都通惠门依然筑有一抚琴台，用于纪念司马相如与卓文君之间挣脱世俗眼光，抛却一切私奔隐居的佳话。

初唐四杰与巴蜀文化

若要论我国文学的“高光时刻”，恐怕大部分人都会把目光放在唐朝。

格律诗发端于南朝，而由于南朝至隋题材以宫廷生活为主，题材窄，思想性差，限制着格律诗的发展。初唐时期，更多的人投入诗歌创作，如此才逐渐实现了诗歌的改革，在创作中注入更多的感情与思想。

骆宾王、王勃、杨炯以及卢照邻，四人年龄相差不过二三十，并称为“初唐四杰”，为唐诗的发展奉献了精彩诗词。如王勃《送杜少府之任蜀州》名句：“海内存知己，天涯若比邻”，代代相传，无论老幼均可脱口而出。然而，这位被才华洋溢的诗人，享年只有短短二十六岁，他不到二十岁进入仕途，由于写下《檄英王鸡文》引起唐高宗不满，认为其有意挑拨皇子之间的关系，因而勒令其离开长安。公元669年，王勃南下入蜀，在巴蜀遇见了同为四杰之一的卢照邻，并且在蜀中迈向了创作高峰。

王勃存世诗文180余篇，其中将近三分之一是在蜀中所写，正是巴蜀地区的山水以及风土人情激发了王勃的创作灵感，造就了一代唐诗开拓者。

而在蜀地偶遇王勃的卢照邻，当时由于莫名卷入了一场是非，因而被关押于蜀地，出狱后他来往于川北、剑阁以及光源各地，在此期间多有诗文赞叹成都风光及名胜。卢照邻与一平民女子郭氏相恋，直至返回长安前还写下“一去仙桥道，还望锦城遥”的离别诗句。

一别之后，卢照邻与郭氏再也没相见，同为四杰之一的骆宾王得知此事后写下著名的《艳情代郭氏赠卢照邻》。

随后，骆宾王与杨炯先后入蜀，在蜀中他们均留下了大量的诗词，并且迎来了创作高峰。比如说，杨炯一生不受重用，在被贬到四川后写下了《广溪峡》《巫峡》《西陵峡》等著名诗词，以抒发胸中压抑，却不料使他成为了万古流芳的初唐诗人。

综合初唐四杰的生平，他们的名气似乎比起官职更胜一筹。纵观四人的人生，他们的仕途都如出一辙的坎坷，只能通过诗歌去抒发胸中的苦闷。也正因如此，他们的诗歌不再是如以前人一般讲述宫廷琐事，题材得到极大扩充。

唐诗盛宴

唐朝，文人若想要踏上仕途有两种常见方式：科举或朝廷重臣举荐。而当时的科举制度尚未完善，若不是天赋异禀，想要通过科举入仕，是难上加难，因而许多文人们将目光放在第二条道理上——由朝中大臣推举入仕。

那么如何能够获得朝中大臣的举荐呢？写诗便是最直截了当的方式。文人墨客在当时大多以诗词文章自荐，以获取朝中大臣的赏识。写诗自荐更是成了盛极一时的风气。

巴蜀地区的文人自然也不甘落后，纷纷笔耕不辍，写诗明志，最为人熟知的莫过于被称为诗仙的李白。李白年轻时放荡不羁，十几岁起便游历巴蜀，十年间走遍巴山蜀水，并写下了“九天开出一成都，万户千门入画图。草树云山如锦绣，秦川得及此间无”等无数传世诗篇。

李白终究还是要走仕途的。不惑之年的李白在长安遇到当时已经功成名就的贺知章，两人相谈甚欢一见如故，贺知章读了李白写的《蜀道难》后赞叹不已，惊呼：“公非人世之人，可不是太白星精耶？”而李白亦觉贺知章德高望重，可视为知己。

贺知章欣赏李白的才华，为了不让他的才华被埋没，贺知章动用了身边所有的资源为李白铺路。在贺知章的努力下，李白得到了唐玄宗的召见。据说，在李白进宫的当天，唐玄宗亲自迎接，在谈及时事之时，李白对答如流，让唐玄宗大为赞赏，随即命李白为翰林学士。可惜好景不长，不到二年李白便因故辞官。

虽然，李白一生仕途并不如意，但他所创作的无数诗篇却让他在历史上留下了重重的脚印，同时也为巴蜀文化增添了浪漫的色彩。

写下“安得广厦千万间，大庇天下寒士俱欢颜！”的杜甫，虽然不是生于巴蜀，但他的才华在巴蜀地区得到了释放。尤其是在安史之乱爆发后的几年，杜甫入蜀，在亲友的帮助下盖了一座草堂，并且在此写下了“国破山河在，城春草木深”“出师未捷身先死，长使英雄泪满襟”等忧国忧民的传世名篇。据后人统计，杜甫先后在草堂创作诗歌240余首，其中大多都流传至今。如今，杜甫草堂已然成了成都最有名的旅游景点之一。

纵观中国文学发展史，巴蜀在其中始终占据了一席之地。除去汉唐，五代十国的花蕊夫人、黄筌，宋朝的三苏（苏洵、苏轼、苏辙），明朝的杨慎等都在各自的时代绽放着异彩，为巴蜀增添了不少光辉。

数风流人物，还看今朝

蚕丛开国以来，巴蜀地区一路经历了战乱与繁盛，也在历史的长河中不断发展。巴蜀子民始终在挫折与磨难中成长，无数闪烁着光芒的精英从人潮中走出，代表了巴蜀地区独特的魅力。

抗战杀敌，百万川军浴血奋战

1937 年 7 月 7 日，卢沟桥事变揭开了全面抗战的大幕，作为全国抗战的大后方，当时的四川省政府主席刘湘向国民党中央请缨：“和平果已绝望，除全民抗战外，别无自存之道，要求当局早决大计，甫澄愿率川军供驱遣抗敌！”为抗战，川军的足迹遍布了全国的抗日战场，巴蜀人民一边节衣缩食支援抗战，一边把将近 300 万子弟送往前线。

由于武器装备以及医疗设备落后，川军一路走来伤亡惨重，当时中国各界甚至认为它是“最糟糕的军队”。从史料图片看来，川军的士兵大多在冬天的时候依然穿着草鞋，缺乏弹药的他们只能手持大刀去抵抗敌人的枪炮。然而，正是这么一支缺乏装备的军队，在抗战中却打败了艰苦的环境，为抗日战争的胜利做出了巨大的贡献。

抗战十四年间，川军在前线战场的占比约为全国的 20%，除了那些我们耳熟能详的将领以外，更多的都是一些“无名英雄”，他们的名字仅仅出现在一些尘封的民间记载里：曲山镇有一名叫王建堂的青年，其与朋友召集了上百名青年向县政府请命，希望能够上阵杀敌为国争光。就在他们即将出川的时候，县政府突然收到了王建堂父亲寄来的一个包裹，请县长转交给即将出征的儿子。

王建堂打开包裹，发现里头是一面白布做成的出征旗，在旗子的正中间写着一个斗大的“死”字。身边众人看到此情景，难免一时间热血沸腾，热泪盈眶。王建堂拿起旗子，仔细一看，只见“死”字两侧还写着几行小字，左侧为：“我不愿你在我近前尽孝，只愿你在民族上尽忠”，右边小字为：“国难当头，日寇狰狞，国家兴亡，匹夫有责，本欲服役，奈过年龄，幸吾有子，自觉请缨，赐旗一面，时刻随身，伤时拭血，死后裹身，勇往直前，勿忘本分。”

当时成都的主流媒体《新新新闻》得知此事后，以《模范父亲》为题报道了此事，一时间“死字旗”的故事传遍四川。在此感召下，四川各地的抗日热情持续升温，数不清的有志青年主动请缨杀敌。

得到了父亲的支持以后，王建堂义无反顾地踏上了战场，在担任排长的时候，王建堂奉命带领士兵潜入茶陵县，并对驻守县城的日军中队进行夜袭。日军援军进行反攻，王建堂背负“死字旗”毅然迎战，双方激战一昼夜后敌军败退，伤亡过百，而王建堂排仅二人负伤。

在往后的抗战岁月中，王建堂屡立奇功，当时的战区司令给他授过两次勋章，抗日战争结束后，王建堂随队到天津接受日本人的投降，目睹了抗战胜利的一刻。

在抗战的岁月中，有很多如同王建堂一样的有志青年为了保家卫国而不惜以身犯险，毅然出川踏上战场。然而，并非每一位热血青年都能够有幸等到抗战胜利的那一天。据历史记载，在抗日战争中川军共出川 350 余万人，共有 64 万多伤亡，1939 年到 1945 年六年间，国民革命军中将近 30% 的参战部队均为川军，26 万川军阵亡让巴蜀地区的人口锐减。

惨烈的战争并没有吓退生来忠肝义胆的巴蜀子民。1944 年起，四川多所大学内挂起了从军的宣传标语，参与巡回演讲的士兵将领往来不断，每一所学校的操场上都设立了“从军报名处”，学生们纷纷报名为国尽忠。

无数籍籍无名的巴蜀子弟，他们以生命为赌注，一次又一次地与死神擦肩而过，为的是能够让家国实现和平与繁荣。在战祸面前，巴蜀子弟从未曾有过一次退缩，他们用浴血奋战去抵挡每一次侵犯，用寸土必争去对待脚下的黄土地，正是这种碧血丹心的精神让川军获得了全国乃至于全世界的敬意。

第三章　巴山精神与蜀水文化

巴蜀之地，群山峻岭碧水流长，千年以来多少诗词歌赋赞颂巴蜀风光，流芳百世；多少入蜀者被那千年的自然风光吸引，流连忘返……这是自然赐予我们的厚礼，是巴蜀的珍宝。

在这山水之间，一股无形的力量缓缓成长，矗立千年的群山孕育出巴蜀人坚韧不拔的精神，川流不息的碧水培养出巴蜀人对自然的敬畏与不屈，这是烙印在每一个巴蜀子民身上的巴山精神、蜀水文化。

巴山精神，世代相传的瑰宝

巴蜀子民在千年来一直与自然抗争，从水患到地势，每一代巴蜀百姓都在各自的时代中发扬着巴蜀人的坚韧与智慧。在大巴山深处，有那么一群人始终守护从这里横穿而过的蜀道，一代代人的辛劳付出，孕育了艰苦奋斗、无私奉献的“巴山精神”。

1979 年，经过多年艰难建设的襄渝铁路顺利通车，作为通往湖北、陕西的“大动脉”，由于身处崇山峻岭间，因而下行线 440 公里处的巴山段成为了最难养护的一段。然而，有困难的地方就会有巴蜀人，在这条铁路上他们同样在艰难中焕发出光芒。

41年无安全事故的“担心线”

自襄渝铁路通车以来，巴山铁路段一直深受民间质疑。要知道，在当时巴山铁路段可谓是集合了襄渝铁路线上的“六个最”：隧道最长、坡道最大、沟壑最深、曲线半径最小、海拔最高、条件最苦，因而一直以来巴山铁路段都被人称之为“最危险的铁路”，甚至在民间有人为巴山铁路段写了一首打油诗：“半年雪不融，秋季雨不停，天天云雾罩，抬脚爬陡山，落脚下深涧”。

其中更有一座 100 多米高的黑水河钢梁桥，当火车经过时乘客均不敢低头望，怕看到脚下空荡荡一片引起心中的恐惧。据老一辈的巴山铁路人所说，给黑水河钢梁桥刷漆的时候甚至还能够看到几朵淡淡的云从桥下穿过……

然而，正是在这样恶劣的环境下，巴山铁路段却在一众巴山铁路人的守护下实现了41年无事故的“神话”。多年来，巴山铁路段始终保持着安全生产零事故、管内设备质量优良率100%的惊人成绩。在组织的认可下巴山工务车间先后获得了全国“五一劳动奖状”“工人先锋号”“青年文明号”等108项重大荣誉，成为了当代铁路界津津乐道的全国先进典型。

一代代巴山铁路人始终坚守岗位，其中更有32名烈士在修建襄渝铁路的过程中牺牲。因而大家在巴山工务车间对面的半山坡上建立了一座烈士陵园，以纪念牺牲的英烈。41年来，巴山工务车间的工友们定期自发前往烈士陵园拜祭。

巴山工务车间流传着数不清的感人故事：比如说第一代铁路人曹美英在爬上百米高的桥梁刷漆时，总是将无人看管的年幼女儿绑在床上，以防女儿跌倒；来自延安的领工员管煜为了让大巴山的小伙能够安心工作，自愿当起了月佬，并且将余生交给了铁路……自2012年“巴山精神”被全国人民所熟知以后，不少人慕名前来观摩学习，巴山精神逐渐成为了坚韧与坚守的代名词，且影响着一代又一代的年轻人。

半生坚守，巴山精神永不褪色

随着时间推移，巴山铁路段逐渐从最让人担忧的“担心线”变成了安全系数最高的“放心线”，新时代，同样有那么一群人在传承着前人的精神，为完善巴山铁路段尽忠职守。

被称为“新时代铁路榜样”的王庭虎便是这群铁路工人中的一员。自 1988 年被调到巴山铁路工区后，他三十余年如一日地检查铁路安全性，将巴山铁路人对工作的高度负责以及为人民服务的坚定信念展现得淋漓尽致。

为了更好地服务巴山铁路，调到巴山铁路的第二天王庭虎便将户口迁移至人口不足千人的巴山小镇，下定决心为巴山铁路服务。在三十多年来，王庭虎每天背着十多斤重的工具包，风雨无改地徒步往返铁路隧道以及桥梁进行检查，在二十四公里的巡查线路上，王庭虎用脚步数清四万余条轨枕，并且仔细检查四十多万颗道钉有无松动……三十年来，王庭虎在巴山铁路总共步行约十二万公里，相当于走了五次长征路。正是这种谨慎尽责的工作态度，才使巴山铁路才迎来了多年来无事故的骄人成绩。

每个月，王庭虎都带领车间的工友们一同对管辖的线路进行检查，每一根枕木、每一条隧道都必须做到安全无忧。为了把工作做得尽善尽美，王庭虎甚至要求工友们每隔四根枕木便用标尺弯腰测量一次，在二十四公里的测量中，这群巴山铁道人需要弯腰三千多次……这不仅仅是简单的重复检查，这是对于铁道安全的无止境追求。

三十余年来，除了每天日复一日的检查与维护以外，王庭虎更是时刻心心念念着巴山铁道的发展。他希望能够在自己退休之前为巴山工务车间做点什么，一次单位安排参观啤酒厂的时候，他突发奇想，是否能够将“工厂化”的模式融入铁路工作中？王庭虎将线路每两百米划分一个单元，并且定人定责，确定每一个单元的负责员工，进一步提高了日常工作效率。

近年来，越来越多的年轻人被分配到巴山工作，为了让每一个年轻人都能够感受到巴山历代铁路人的精神，王庭虎每年都带着他们到烈士陵园扫墓，并且带头描碑文，定期组织年轻员工参观巴山精神荣誉室，让青年职工感受到这份被时光打磨的精神信仰。

在三十多年的努力与坚守中，王庭虎的事迹感动了许多人，他为巴山精神的传承奉献出了自己的青春，正是这种忘我的奉献精神以及坚韧不拔的信念，让巴山精神得到不断发扬，在一代又一代的铁路人身上传承下去。

大巴山中的“家”文化

如果不是媒体报道，恐怕我们不会知道在大巴山里有着这么一群让人敬佩的铁路工，他们多少年来一直将勤奋务实、精益求精的精神代代相传，让无数巴蜀子女甘愿为这段最险峻的铁道奉献青春。

而让人惊讶的是，在巴山工务车间里头并不仅仅只有那些铁骨铮铮的汉子，其中更有 8 名不让须眉的巾帼英雄，她们从不同的地方来到巴山，并且在巴山精神的感染下选择留在巴山工务车间，与所有人一起为这条仅仅二十多公里的铁路服务。

桥隧专业研究生刘玲，无疑是在车间学历最高的一个女孩，二十九岁那年她来到了巴山工务车间，然而当时巴山环境的恶劣以及交通的不便让刘玲感到十分不适应，甚至想过辞去工作一走了之。事实上如刘玲一般高学历的社会精英，离开巴山后完全能够找到一份体面的工作，过上舒适的小日子，而让刘玲决意留下来的正是车间对面的烈士陵园。

第一次到烈士陵园，那三十二座墓碑给刘玲带来了极大的触动，后来她回想起这事时经常会说："这些烈士为了修路，连生命都付出了，我们是有责任把它养护好的。"正是瞻仰烈士陵园，让刘玲心中产生了扎根巴山的信念。

随后，在巴山精神的影响下，刘玲逐渐对这里的一切产生了敬意。当巴山精神被广为人知以后，刘玲自愿当起了巴山荣誉室的兼职讲解员，每一次为参观者讲解那些黑白照片背后故事的时候，刘玲都能够感受到自己内心的颤动。

除了巴山精神以外，让这些年轻人留在巴山这个生活条件不算好的小地方的是车间里的"家"文化。正如刘玲在一次采访里说的那样："坚守在巴山的人，多少都对家庭有所亏欠，但不少人留下的理由之一，就是觉得这里能够弥补家庭的温暖。"

也许在众多参观者看来，巴山工务车间不过是一个小小的车间，然而对于员工而言，那是他们在巴山的一个"家"。在艰苦的生活条件下，工人们互助互利，如家人一般关怀着彼此。1995 年出生的女孩郭苗是巴山铁道人中年龄最小的一个，在说起这里的工作氛围时郭苗毫不吝啬赞美之词："刚来时就觉得大家对我非常好。甚至有时候衣服破了，附近的乡亲就把衣服拿回家帮我补了。大家就像一家人一样，所以我就申请留在了巴山。"

在一代又一代铁道人的努力下，如今巴山工务车间内已经形成了一种独特的"家"文化，每个人对于这里都有着特殊的感情，休息时大家会在乱石岗上举办运动会等活动。在不经意间，大家都把这个小小的地方融入了自己的生活，让巴山里的一切成为生命中最珍贵的部分。

相信在铁道人的努力下，巴山精神将会在和谐的氛围中代代相传，成为巴蜀文化中不可或缺的一道亮光。

巴蜀子女的水文化特质

巴蜀地区的历史进程与水有着极大的关联，从远古时期鱼凫将捕鱼之术传给巴蜀子女后，水成了巴蜀地区一路发展不可忽视的元素。巴蜀子女对于水资源也有着一种莫名的敬畏，从大禹治水、都江堰控水乃至于清明上河图中的民间百态中，我们都可以看到水在其中占据的地位。

因而，在巴蜀地区的发展过程中，巴蜀子女形成了一种独特的水文化特质，无论从自然资源的处理上或是待人接物的方式上均可以看出其“利万物而不争”的特点。而这种水文化特质也让一代又一代的巴蜀子女始终以其渗透性、坚韧性等走遍四海。

和谐发展，开启水文化研究

关于水文化，许多学者对其做出不一样的阐释，比如从儒家的角度而言，其认为“智者乐水”；在道家的文化当中，水则是“上善若水，利万物而不争”；在佛教文化中，其颂“善心如水”。

巴蜀地区的历代百姓对水始终有着不一般的崇敬。从大禹治水等神话故事中我们可以看出，巴蜀许多民间传说都建立在江水之上。水既是巴蜀百姓的生命之源，同时也是每一位百姓的精神信仰。

当代也有不少学者就巴蜀地区的水文化特质进行研究，尤其是近几年，以四川省为首的巴蜀地区不断加强文化输出，因而四川文化艺术研究会就巴蜀地区水文化特质成立了巴蜀水文化专委会，并且举办了水文化论坛。

在巴蜀水文化论坛上，各界专家就水利工程、水生态环境、水利遗产、水利风景区建设以及水文化与文学、音乐、书法、影视等多方面关系进行探讨，实现研究水文化、传承水文化的目标。

“目前距离水文化的普及尚有一定差距，社会上的大部分人并不了解什么是水文化，水文化是做什么的，所以让大家认识水文化是水文化专委会需要到达的目标。”四川中山文化艺术研究会巴蜀水文化专委会主任王晓沛接受记者采访时说，他相信日后巴蜀子女的水文化特质将会被社会所认识。

从与水抗争到人水和谐再到研究水文化特质，巴蜀人民的生活始终围绕着水打转。巴蜀人与水在漫漫历史长河中有过无数交集，而这些交集逐渐形成了独特的水文化特质：古代与水灾害抗争的过程中，巴蜀子民学会了如何不屈不挠地生存；在治水的过程中，巴蜀百姓学会了如何团结拼搏；在修建都江堰的过程中，人们懂得了滴水穿石……历经千年，水文化特质逐渐融进巴蜀文化当中，形成了不可磨灭的文化印记。

水不仅仅是一种资源，对于巴蜀而言更是一种人文精神，千年以来以四川为主的巴蜀地区始终蕴含着独特的水文化，从都江堰到大运河再到南水北调等等，水文化在人们与水的抗争、合作中形成，影响着一代又一代的巴蜀人。

川流不息，前行路上永不止步

经历了数次大型的水利工程修造以及涝灾后，水文化特质从人们对治水、用水的经验逐渐转化成为了人们骨子里所烙印的信仰。

在论语中有这么一句话："子在川上曰：逝者如斯夫！不舍昼夜。"意思是河流本是川流不息的，无论如何无法断绝其前行的脚步，而时间亦然。在水文化特质中，"永不止步"同样也是其中最常见的状态与精神内核之一。

对于巴蜀地区的百姓而言，不断寻求进步与超越是他们一路前行的信仰与准则，仿佛在他们的内心有一台永动机不断激励着他们冲破困难与阻碍，带着突破一切的决心砥砺前行。

在四川省政府开展的敬业奉献道德模范评选中，张信威可谓是其中最耀眼的一颗明星。在将近六十年的科研生涯中，他始终将巴蜀永不止步的水文化特质展现得淋漓尽致。1960 年从北京大学毕业以后，张信威被分配到了我国唯一的核武器研制单位从事核武器研究工作，他以踏实的工作态度以及扎实的专业知识，很快成了单位独当一面的科研人员。

1986年，在组织的调动下张信威转型高新技术研究，他的研究对象从武器延伸到太空，为了让自己胜任这份工作，他不得不时刻充实自己。为了更好地利用时间学习，张信威总会随身带着一大包资料，并且随时随地翻看。通过一系列的努力，张信威以非科班的身份率先在全球该研究领域中提出“瑞利信标”概念，惊动了世界。十年后，他再次被调往国家攀登计划从事“计算材料科学的物理基础及应用”研究工作，在其中他同样凭借着自己的努力与坚韧完成了一系列的成就。

由于在职业生涯中不断突破自我，因而在各研究方向上张信威均拥有大量的学术成果，并且在各领域都做出了巨大的贡献。如今张信威虽然已经八十多岁高龄，可他始终坚持每天早出晚归，一头扎进办公室后往往会忘我工作到晚上十点以后，除了过年以外基本全年无休，为科研事业奉献一生。

从青葱少年到杖朝之年，张信威始终没有停下科研的脚步，哪怕是在他从未涉足的科研领域中，只要组织的任务下达后他便想方设法勇往直前，在勤奋与务实中不断提升自我，突破自我，用一个又一个成果去印证自己的成长。

在我们的生活中，如张信威一般永不止步的巴蜀百姓可谓是数不胜数，虽然他们不能如张信威一般在科学研究中做出巨大的贡献，但不断进步、突破自我是他们前行的信念，也是水文化特质川流不息的重要体现。

海纳百川，四方贵客聚巴蜀

巴蜀地区的发展同样离不开四方朋友的帮助，在各地贵客的投资下，巴蜀地区方才能够有如今的繁荣。

在其中，我们可以看到巴蜀海纳百川的文化特质，这同样是其水文化特质的重要体现。早在蜀锦、川盐等物资闻名之时，巴蜀百姓便欢迎外地客商到四川、重庆等地经商，在巴蜀子弟热情好客的精神感召下，外商渐渐开始喜欢与川商合作，进而间接将巴蜀的货物带到四海。

明末清初，由于战乱四川人口剧烈减少，地方经济发展遭遇了史无前例的破坏。“天府之国”劳动力锐减、粮食产量大幅度下降。

为了恢复四川的生机，康熙皇帝正式颁布了一份名为《康熙三十三年招民填川诏》的诏书，鼓励移民垦荒，湖北、湖南以及广东等地的居民大举向四川等地移民。初期，由于移民人数较少，清朝政府不得不强制性推行大规模移民政策，垦荒者三五年内免缴赋税。后来移民逐渐发现四川土地肥沃，并且气候利于农业生产，因而大量移民举家迁入……这次移民前后持续了百余年，入蜀人数有百余万。

这次“湖广入蜀”，除了能看出清政府对巴蜀地区发展的重视以外，也能看到巴蜀子民的好客精神。正如《庄子·秋水篇》所记说：“天下之水莫大于海，万川纳之”，在历经磨难后，巴蜀子民同样培养出了海纳百川的精神，本着“喜迎天下客”的好客精神，将巴蜀地区丰厚的物质资源与全国各地同胞分享。

直至如今，巴蜀地区依然秉承着水文化特质，以海纳百川的姿态迎接每一位来自各地的客商以及亲朋。2017 年，以四川为首的巴蜀地区在扩大开放促进投资方面出台了新政策，在政策中四川省明确表示：支持外商投资企业依法参与四川的基础建设、公共事业以及能源、水利、交通等行业运营，进一步加强本地高端制造、智能制造等行业提升，改造升级传统产业。

从远古到如今，巴蜀地区始终秉承着“海纳百川”的水文化特质，将自身丰厚的资源与大众分享。因而，越来越多的外地商人入蜀发展，在蜀内形成了百花齐放的繁荣景象。

巴山蜀水，刚柔合一的如画美景

每一个时代所经历的一切，都会以不一样的方式传承后代：开凿蜀道的先辈们，将坚韧不拔的毅力传承；坐贾行商的商人们，将 24 字川商精神传承；精忠报国的战士们，将他们的碧血丹心传承到新一代的巴蜀人民身上……

而在巴山蜀水千年的美景熏陶下，巴蜀人民更是在青山绿水中形成了自己独特的处世之道，以山为模顶天立地，以水为鉴利人不争，刚柔合一的处世之道伴随着巴蜀人民走过了一个又一个四季。

蜀水千转，利万物而不争锋

说起蜀水，如果不太熟悉巴蜀地区的人可能会想起都江堰或是历代治水的故事，然而实际上巴蜀地区水资源远远不止如此，其江河之多足以为每一个时代支撑起一片无限好风景。

蜀水在当代广为人知主要还是因2013年四川共九个景区获评国家水利风景区称号，在全国各省份中排名第一。短短一年间蜀水成了巴蜀风景的代名词，雄伟壮观的都江堰、清澈见底的九寨沟……当问及当地人们的时候还会发现，除了都江堰与九寨沟外，更有无数名气相对小但风景丝毫不输的美丽风光。

比如说在川东北的广元市有一处当地无人不知的风景名胜——白鹭湖。白鹭湖建于1973年，历时四年终于建成了当时的白桥水库，后改名白鹭湖。2013年，白鹭湖风景区被评为国家级水利风景区后，当地居民逐渐意识到尚未被人为污染与破坏的白鹭湖是当地的一个宝藏，因而当地政府与居民开始对其进行治理规划，并配套多个服务项目。

在政府与居民的治理下，白鹭湖逐渐成了当地最大的自然文化瑰宝，走进白鹭湖我们能够看到铺天盖地的植被，根据当地导游介绍，白鹭湖风景区的森林覆盖率高达90%，更有天麻、杜仲等药材随处可见，山中、湖边的野生动物相互追逐……

蜀水之美，在于随处可见而各地不一，如九寨沟的清澈迷人、白鹭湖的静谧悠闲，都江堰的霸气雄伟……但无论是何处的水利风景，蜀水均始终呈现出一种低调的姿态，利万物而不争锋。

蜀地仙山，昂首屹立天地间

曾经去过巴蜀地区的朋友都知道，走在巴蜀大地上四处可见群山峻岭。走在乡村小路上，看远处峰峦叠嶂，白云峻峰相互嬉戏，让人不禁为这大自然的鬼斧神工而动容。

巴蜀之地，名山大川随处可见，如峨眉山、青城山、四姑娘山等名山在国内可谓是无人不知。而之所以名闻全国，皆因巴蜀群山险峻独特，诗仙李白在初入剑阁的时候曾经写下“连峰去天不盈尺，枯松倒挂倚绝壁”的千古绝唱。

重庆更是被人称之为“山城”，更有诗如此描写重庆：“天无三日晴，地无三尺平”，整个城市依山而建，放眼看去错落有致。位于重庆南川区域的金佛山，更是由于其生物的多样性以及地貌特征被列入国家自然遗产名单。

金佛山被称为“天然植物陈列馆”，山中共有原始森林 25 万亩，5000 多种植物，与峨眉山、青城山、缙云山并列为巴蜀四大名山。其地势连绵起伏，远远望去就像是一尊卧着的大佛，细细看去仿佛能够看到佛像的五官轮廓。每当夜幕降至时，落日的余晖将连绵的山峦映染得金碧辉煌，如大佛身上焕起了万道霞光，如此情景让人不禁有如在幻境之感。

而让金佛山更为人熟知的莫过于在重庆天气的衬托下，金光大佛若隐若现，偶然大雾时让人怀疑是真有卧佛降世。要知道，重庆一年四季都有雾气萦绕，尤其是早上的时候，因而重庆的群山都被浓雾萦绕，远远看去就像是仙山一般。

当然，重庆地区的名山甚多是人所皆知的事情，但巴蜀名山并不仅仅在重庆，在重庆以外的巴蜀地区同样有着数不清的峻峰。这些山峰千百年来屹立在巴蜀大地，任时光流逝世事变迁亦毫不动摇。巴蜀子民就如群山一般，为人顶天立地光明磊落，无论是商业竞争还是民族战争，只要尚存呼吸便活得光明磊落。

“巴山蜀水”是巴蜀文化中的一个重要组成部分，其蕴含了过去先辈们征服自然、引领自然的惊人之举，同时也为巴蜀的山河秀丽增添了不少色彩。因而若要进一步了解巴蜀文化，希望大家能够亲身前往巴蜀，感受自然风光给我们带来的震撼。

其蜀锦、川盐、茶叶等更是闻名海外；金融发展当中，“交子”影响了货币发展史；在科学技术中，都江堰闻名全球……

巴蜀地区在如此优越的地理环境以及勤劳精明的百姓经营下，发展应当是扶摇直上，但实际上，巴蜀地区的发展并不尽如人意，甚至是遭遇战祸以及天灾最多的地区之一。然而，正是这些苦难，使巴蜀地区以及其百姓在一次次战胜困难中蜕变重生，最终形成了独特的“巴蜀式”坚韧。

第四章　四海之内皆兄弟

若论巴蜀文化中最重要的部分，其出色的兼容精神定是首屈一指。对于巴蜀百姓而言，四海之内皆可称之为兄弟，尤其是在经历了多次大规模移民后，巴蜀地区逐渐形成了一种海纳百川的兼容精神。

古往今来，巴蜀子弟一直秉承着喜迎天下客的待人接物精神，从多民族共居的社会结构到汇聚精英的商业发展，无一不体现出巴蜀地区对外来文化的欢迎与热情。

巴蜀的构成：多元化体系

巴蜀地区之所以被称为“巴蜀”，是因为巴蜀一带是由古蜀国以及古巴国合并发展而来。在长期的交流融合中，巴蜀地区形成了一种多元化的文化体系。

西晋名臣裴秀在《图经》中说巴蜀是“别一世界”，从外地入蜀的人总能够感受到其来自方方面面的强烈文化冲击，可见巴蜀人的文化的确有特别之处。

目前巴蜀地区生活着几十个民族，汉族与藏族占据了巴蜀人口的大部分，彝、土家、羌、苗、回、纳西、傈僳、布衣、满、蒙古等民族也有不少的分布。

而巴蜀地区今日之所以能有如此多元化的民族结构，与巴蜀历史是分不开的。巴蜀地区最早的居民可追溯到古蜀人以及巴人，后来因为战争与迁徙，巴蜀地区的社会结构逐渐变得多元化起来。比如说，在开通蜀身毒道以后，越来越多来自云南、缅甸的商人扎根巴蜀，融入当地，并且代代繁衍；再如，巴蜀地区因战争多次经历人口锐减，其后移民入蜀的百姓民族成分并非单一，因而又有了更多的少数民族扎根在巴蜀地区。

多元化体系下的古风余韵

很多古代文化元素在巴蜀地区较为完整地保留了下来。

世外桃源——摩梭人

东晋文人陶渊明的一篇《桃花源记》流传千载，可见人们对于世外桃源的向往是如何热烈。尤其是在战乱时代，天下何人不对安宁平静、不知时间流逝的生活充满憧憬。而在巴蜀地区内则有那么一处公认的世外桃源，大家称它为“创世之梦中的世外桃源”，其独特的文化习俗被看作历史的活化石。它就是川滇交界处的一片秘境——泸沽湖。

在泸沽湖生活着的摩梭人，依然保留着原始的母系大家庭以及走婚制等习俗。

摩梭人的社会是“舅掌礼仪母掌财”，母亲拥有着至高无上的地位，主宰家庭，子女大部分一生都留在母亲身边，成年男女实行“走婚”。

摩梭人社会的一妻一夫制度与父系社会的一夫一妻制有所不同，正式结婚的夫妻大部分是招婿入赘，只有少部分的女性会选择外嫁。在过去，男女双方婚后甚少同居，男女婚后大多依然会居住在自己的母系家庭。

根据史料显示，摩梭人在古代是一支游牧民族，其主要以放牦牛为生。战国时期摩梭人为了躲避秦国的威胁，不断南迁，最终定居四川永宁、泸沽湖一带。据《元史·地理志》记载：摩梭在永宁定居已有 1500 多年，但其风俗习惯以及宗教信仰与当地汉族以及其他少数民族都有所不同。

摩梭人的原始宗教被称为“达巴教”。每年摩梭人都会举办一次朝山节，朝拜当地最高的神山——格姆女神山。活动当天，摩梭人会聚集一堂，大家载歌载舞。当地的传说，每一个摩梭人都会跳七十二种舞蹈，这从侧面反映出了摩梭人的能歌善舞。

摩梭人1500年前定居四川，成了巴蜀文化的一分子。他们始终坚守着自己的信仰与文化，为巴蜀文化的多元化做出自己的贡献，成为巴蜀文化中不一样的存在。

开山一帝，万代流芳鸣杜鹃

直至如今，各种带有古风余韵的文化习俗依然是如今巴蜀人民风俗文化组成的重要部分。

众所周知，古蜀国有一位国王叫杜宇，他在位时一直鼓励、教导巴蜀百姓务农，带领巴蜀人民走出了茹毛饮血的蛮荒时代，对巴蜀农业发展有着不可磨灭的贡献。为了纪念杜宇，百姓建了数不清的寺庙，而直至如今在巴蜀的不少农村地区依然有“杜主庙”，并且保存有春耕之前拜祭杜宇的风俗。

杜宇的影响力远远不止如此。《华阳国志·蜀志》中记载，杜宇由于无法治理当时的水患，而将王位禅让于鳖灵，隐居于岷山。相传杜宇去世以后化作了杜鹃，每逢农历三月便以叫声催促百姓播种。而更有一说是鳖灵推翻了杜宇的政权后，杜宇由于复位不成而化作杜鹃，且常因为思念故国而啼叫，最后啼出鲜血来洒满了山野的杜鹃花。

古往今来，杜鹃成了巴蜀文学以及民俗中最常见的花，唐代著名诗人杜甫入蜀时曾写下“我见常再拜，重是古帝魂”的名句，记录下蜀人拜杜鹃的风俗。“农时拜杜宇”“修建杜宇庙”等活动一直从远古时期流传至今，成为了地域文化中具有特色的一环。

猛兽图腾，烙印心中的崇敬

在南越王墓中，考古学家发现了陪葬的带钩，其整器是由一个玉龙与一虎头金钩套合而成，后人们将这套带钩称作为金钩带玉龙。

而巴蜀地区的人们除了世代崇敬杜宇以外，对白虎亦十分崇拜。在三星堆遗址，专家便发现了不少金虎饰以及铜虎饰，而史料也曾记载巴蜀兵器以及语言符号中也经常出现虎形，由此看来巴蜀人民在远古时期已经对白虎有着不一样的崇敬之情。

关于巴蜀人民对白虎的崇敬，《后汉书》中有这么一段记载：“禀君死，魂魄世为白虎。巴氏以虎食人血，遂以人饲焉。”而《蛮书》也曾经记录过这么一件事：“巴氏祭其祖，击鼓而歌，白虎之后也。”可见当时白虎很可能成了巴蜀先祖所推崇的一种图腾，直到民国时期，巴蜀的土家族依然保存着崇拜白虎习俗。在巴蜀地区虎头鞋、虎头帽依然是孩子最常见的衣物，可见人们潜意识中对白虎充满崇敬之情。

五彩斑斓的节日

火把节：东方的狂欢节

对于巴蜀地区的几个少数民族而言，火把节是他们一年之中最重要的节日。火把节有着十分深厚的民族文化内涵，甚至在广为人知以后被称为“东方的狂欢节”。

一般而言，火把节定在农历的六月二十四日，节日活动主要包括斗牛、赛马、摔跤以及歌舞表演等。火把节在新时代广受年轻人追捧，甚至有年轻人为参加火把节不远千里前往云贵川，感受这来自少数民族的热闹。

火把节一般均延续数天。以彝族为例，其火把节一般历时三天三夜，并且分成迎火、传火以及送火三个阶段。火把节的第一天，村村寨寨都会宰牛杀羊，然后一同准备酒肉祭祖。在夜晚来临的时候，村寨里的老人便会在空地上搭建祭台，并且以传统的方式击石取火，点燃祭台上的“圣火”，且由当地最有名望的祭司诵经祭火。然后，家家户户的大人小孩都会从祭司手中接过火把，在田野边上游走，寓意着以火驱虫。

而次日清晨，家家户户都会聚集在圣火之下，开展各式各样的娱乐活动。年轻小伙子会模仿传说中的勇士，以赛马、摔跤、斗牛等方法表现自己，吸引村里的姑娘们；而姑娘们则会身穿新衣裳，撑起黄油伞一同跳舞歌唱。

火把节第二天最让人期待的莫过于选美活动了。村里的老人会按照一定标准从小伙姑娘中挑选出最美的一对。入夜，一对对有情人更是借此机会在月色下互诉衷肠，因而现在也有人将火把节称作是“东方的情人节”。

到了第三天，彝族火把节到达了高潮，这一天夜幕降临的时候，大家会将手中的火把聚在一起，形成一堆堆巨大的篝火，所有的人都在篝火的四周尽情歌唱、跳舞，异常欢乐。

2006 年 5 月 20 日，彝族火把节在国务院的批准下，被列入了第一批国家级非物质文化遗产名录。

雪顿节

雪顿节又被称作是藏戏节，其是藏族的一个传统节日。在藏语中雪顿是吃酸奶的意思。一般而言，雪顿节在藏历六月底七月初，节日历时四到五天。

雪顿节起源于公元 11 世纪，当时的雪顿节才是纯宗教活动。由于春夏万物滋长，僧人外出活动难免踩杀生命，违背“不杀生”戒律，于是 4 ～ 6 月期间，很多寺庙要求僧人只能够在寺院里修炼，直到六月底方可解禁外出。

待到解禁之日到来，僧人们纷纷离开寺庙下山，而当时的老百姓为了犒劳僧人，纷纷从自家拿出酸奶，在郊外为他们举办宴会，久而久之，便形成了雪顿节。

后来，藏戏逐渐融入到了雪顿节当中，居民都会身穿新服饰，带着酥油茶与家人一起在树荫下观赏藏戏，享受节日。

传统的雪顿节一般均从晒佛仪式开始。作为节日的序幕，晒佛仪式往往能够引起百姓与僧人的瞩目——巨大的佛像上盖有黄色丝布，僧人缓缓地挂起丝布，佛像一点一点地展现在人们面前，信徒以及游客此刻无不双手合十，顶礼膜拜。

2006 年，雪顿节被列入第一批国家级非物质文化遗产名录。

过赶年：不一样的新春佳节

对于土家族而言，过年是其一年中最盛大的节日，然而他们过年则比汉族的早上了一天，也就是说若农历腊月大，便是二十九过年，若是农历腊月小，便是二十八过年。而此风俗早在明代便已形成，叫作“过赶年”。

相传在明嘉靖年间，土家族人恰逢年关接到朝廷圣旨，要求土家族人前往苏淞协剿倭寇。为了不耽误战事，土家族人决定提前一天为过年，顺道为土家族的士兵们送行。后来土家族的士兵及时赶到前线，并且立下了赫赫战功，土家族人便世世代代提前一天过年，以纪念族人所立下的“东南第一战功”。

当然，在民间也有“过赶年”的其他传说。不管土家族人为何提前一天过年，其过年的风俗习惯却充满了欢乐与美好。

在“过赶年”的那天晚上，土家族人一般在村落中烧起熊熊篝火，男女一同围着火堆跳舞唱歌，迸发出一种爽快亢奋的激情。家家户户都要坐在火坑旁守岁，小孩乖乖坐在一旁等长辈给压岁钱。

到了零时，家家户户一同燃放爆竹，当地将此称为“出天行”。

从土家族“过赶年”的风俗看来，其族人自古以来便有着英勇无畏、足智多谋且团结友善的精神，在爽快豪迈的贺年活动中，土家族人的豪爽与热情让新春变得更加热闹欢腾。

第二部分

巴蜀人文艺术

第五章　聚光灯下的人生百态

时代往往会造就许多珍贵的文化瑰宝，它们随着每一个时代的文化与生活风俗而来，并且在日后的变迁中不断自我优化，成为人类文明历史中的一部分。

戏剧蕴含着每一个时代百姓的愿景与抗争。直至如今，它依然是最常见的文化载体。不管内容如何变化，戏剧自身所蕴含的无限可能性满足着一代又一代百姓的精神需求。

川剧的诞生与影响

川剧是四川等地的传统剧目，又称川戏，主要流行于中国的西南地区。随着时代的发展，川剧逐渐融合了高腔、昆曲、胡琴、弹戏以及民间灯戏等多种声腔艺术，成为巴蜀地区影响最大的传统剧种。

据史料记载，川剧形成于清乾隆年间。早在唐代，便有“蜀戏冠天下”的说法，可见川剧的形成渊源久远。

跟其他许多艺术形式一样，川剧的诞生源自百姓对权贵的不满。早在唐宪宗元和元年，四川当地发生了一件人神共愤的事情：当时位居蜀中方镇的刘辟是一个不折不扣的大贪官，在他的管治下巴蜀民不聊生。当时的戏曲艺人为了讽刺这种状况，根据刘辟的所作所为编成了方言戏剧，准备以此为百姓发声，但一直没有得到上演的机会。

直到后来刘辟造反，一众戏曲演员认为时机已到，便大肆公开演出。奈何当时朝廷昏庸，误以为《刘辟责买》讽刺朝廷，因而派兵砸了戏台，一众演员被充军。《刘辟责买》作为一出民间戏剧引起了朝廷的关注，可见当时川戏在民间的影响力。

《刘辟责买》虽然备受打击，然而却开创了川戏的先河。在当时四川地区出现了以干满川、白迦、叶硅、张美和张翱 5 人所组成的著名戏班，将《刘辟责买》《麦秀两岐》《灌口神》等著名川戏带到了巴蜀各处，为川戏日后的发展奠定了稳固的基础。

到了五代时期，后唐的庄宗李存勖酷爱川戏，后来更是不顾江山社稷而沉迷于此，甚至还给自己取了个艺名为“李天下”，以寓“蜀戏冠天下”的愿景。

虽然李存勖最后的结局让人惋惜，甚至在历史上留下“因戏亡国”的坏名声，但他的确让川戏的历史地位得到空前提高，在往后的岁月中始终流传于民间，逐渐发展为“川剧”，而今成了国家级非物质文化遗产中的一员。

源远流长的脸谱艺术

随着其他艺术形式的融入，川剧的表现形式也逐渐多样，其中最让人印象深刻的莫过于脸谱以及变脸表演。川剧脸谱是川剧表演艺术中最重要的组成部分，是经过了历代川剧艺人的共同创作，沉淀下来的艺术瑰宝。

川剧演员在演出之前，会在脸上绘成各种图案，从而展示自己所扮演的角色的人物性格、身份等特征。脸谱大多是由演员本人所绘制——演员可根据自己对角色的理解，创造性地绘制脸谱。这也是为什么历史上川剧没有专职脸谱画师的缘故。

要读懂川剧脸谱，色调的辨识是最基本的。川剧脸谱上的颜色在很大程度上表现着人物的基本特征，根据色调我们能够大致了解人物的性格与出身。比如说在川剧中那些忠肝义胆的角色，脸谱多用红色，像关羽、姜维等人便都配以红色脸谱；而性格刚正不阿的人物脸谱多用黑色，像包拯此等铁面无私之人便是如此；白色多用于奸诈的角色，看到白色脸谱时巴蜀百姓恐怕第一时间会想起曹操……此外，川剧脸谱中还有蓝、绿、金、银等颜色，一般情况下蓝、绿色用于表现草莽英雄，而金、银两色则多用于佛、仙、妖精等角色。

随着剧目日渐增多，其人物角色也越来越多，单一的色调已经无法很好地表达角色，因而脸谱中逐渐增加了动物图案、文字等元素。比如说，豪杰马俊由于江湖人称“玉蝴蝶”，所以脸上勾画了一只五彩的蝴蝶，让观众一眼能够认出角色的身份来。

经久不衰的变脸表演

说起川剧，相信很多人第一时间想起的便是变脸。尤其是在如今互联网发达的时代，变脸艺术成为了人人可看、可学的巴蜀文化技艺。

所谓变脸，就是演员在舞台上一瞬间将脸上原有的脸谱换掉，是川剧中最有名的技巧。变脸艺术在舞台上主要用于揭示剧中人物的思想感情变化，将不可感的抽象情绪以及心理状态变成可见的具体形象。

比如说在川剧《飞云剑》中，陈仓魔要追食书生宁采臣，在这一幕中宁采臣的脸谱一变再变，将全剧推向高潮。变脸技巧——拭、揉、抹、吹、画、戴、憋、扯可以说是川剧演员的基本功。

当代最享誉盛名的变脸王非王道正先生莫属，他的变脸技术可谓独树一帜。据了解，王道正先生自小无父无母，在一次偶然的机会中接触到了川剧，生活条件恶劣的他决心苦练技术。数十年后的他能够在转眼间变出金、黄、红、绿、蓝、黑、白等多种颜色脸谱，而且每次都让观众叹为观止。

凭借着高超的技术，王道正先生在数十年里曾被世界各国邀请出访。多次远赴新加坡、中国台湾、中国香港等地，以其高超的技巧，赢得了国内外观众的一致赞扬，并且将川剧变脸艺术传播到了世界各地。

而更让人觉得庆幸的是，许多传统民俗文化在这个时代都面临着传承危机，但变脸艺术却一直广受欢迎，传人众多。比如，王道正先生便曾收过四位入室弟子，其中还有一位是国外的友人。相信在这位享誉全球的变脸大师以及无数变脸艺术爱好者的努力下，变脸艺术将会代代相传，经久不衰。

川剧千年，继往开来续篇章

若从唐代算，川戏的历史至今已逾千年，川剧的脚步一直向前，不曾停息，以充满地域特色的表演风格走遍全国，成为了国内最有名气的剧种之一。

当下越来越多川剧从业者出现在大众的视野当中，在新一代的川剧演员带领下，川剧逐渐走出国门，走向世界，让越来越多的国际友人感受到川剧的魅力与巴蜀传统文化的精神力量。

2019年初，青年川剧演员冯韵颖带着长达18米的长绸踏上了美国男子篮球职业联赛常规赛的舞台。在底特律活塞队与达拉斯独行侠队比赛中场休息时，冯韵颖走至赛场中央，首次在国外体育赛事上挥动起长绸，将川剧带到这个舞台上。

作为川剧有名的青年传承人，冯韵颖11岁就被父亲送到了川剧学院，在本应无忧无虑的年龄开启了自己的戏曲生涯。从那时起，冯韵颖一学便是23年。20多年间，冯韵颖主演了无数经典剧目，并且凭借着出色的表演荣获了首届中国黄河流域戏剧“红梅奖”大赛银奖、首届四川艺术节暨第十五届戏剧小品小戏比赛表演奖等奖项，成了国内颇有名气的青年川剧演员。

冯韵颖曾丝毫不掩饰地谈起川剧演员的艰辛：“戏曲是一门聚集了诗、乐、舞（武）的综合艺术，不同于一般的唱歌、跳舞。学戏十分艰苦，练功就更辛苦。起早贪黑是常有的事儿，手上、胳膊上、腿上也是新伤老伤不断。同样是学艺术，戏曲演员难多了。”

然而冯韵颖并没有因为难而放弃，反而为自己能够生活在这个时代而感到骄傲。2015年，中国戏曲学院首次对外招收川剧本科班，30岁的冯韵颖得知消息后二话不说报了名，成为了川剧历史上的首届本科生。她在一次接受记者采访的时候说：“这几年国家大力扶持传统文化，振兴戏曲行业。作为新青年，我们肩负着对传统文化的继承、传播、发展、弘扬的任务。川剧是非物质文化遗产，是国粹，是我们巴蜀文化的一部分，作为一名新时代的青年川剧演员，我们更要基于传统，进行创新，让两者完美地结合，创作出更多优秀的戏曲作品来回报观众，把好的艺术淋漓尽致地展现出来。”

巴蜀地区，为川剧的创新与传承不断努力的青年远不止冯韵颖一个，如她一般的有志青年比比皆是，他们希望能够以自己的努力去传承这一份千年的文化瑰宝，通过代代相传让川剧在时光的打磨下变得更加完美。相信在日后的某一天，这群带着梦想与坚持的年轻人能够将川剧带到更广阔的舞台，让更多的人受到川剧的文化魅力。

第六章　笔下皆风云

笔，是记录历史的工具，同时也是让历史的瞬间重现的神秘力量。在巴蜀地区的历史发展中，多有文人墨客将个人见解与历史瞬间记录于笔端，于是各种各样形式的文化载体横空出世。

巴蜀书画：浪漫唯美

在照相机发明之前，画是图像记录的主要途径。在华夏千年文化长河中，大部分时间里君民都以绘画记录生活，并有许多经典作品流传至今。

巴蜀地区也有无数美术佳品传承于世，且深得历代收藏家青睐。后代学者按照传承和作品特点，总结出巴蜀画派，列入华夏画派之中。

巴蜀画派，千年传承

巴蜀画派是后世对古今巴蜀地区绘画的流派总称，并不单指四川本地的画家以及作品，跟巴蜀文化一样，都并非从狭义来界定。巴蜀画派并不仅仅指四川本地的画家，还包括远在异乡的四川籍画家以及全国各地入蜀发展，且为巴蜀美术做出贡献的画家。

巴蜀地区传统文化底蕴深厚，由于经历了多次移民，其人文环境积淀较深，历史上涌现出众多著名的书画家。巴蜀画派婉转细腻，设色丰富且勾线飘逸，在颜色与线条的造诣绝不逊于其他画派。

巴蜀画派温润的笔触融合在历代画卷的青山绿水、花鸟鱼虫中，纵是简单的人物简笔也透露出秀润之气，这一点在民国时期的一众巴蜀画家身上体现更甚。

西洋画传入中国以后，多地的画派画风均受到影响，然而对于巴蜀画派而言，外来文化并没有影响他们的发展，甚至有学者认为，巴蜀画派是当下为数不多的依然保持着传统美术文化的画派。

关于巴蜀画派的起源与发展历程，由于资料的缺乏，因而其在艺术界始终存在不少争论。但可以肯定的是，当前巴蜀画派已经得到了全国美术界名人与画派的承认，四川省巴蜀画派促进会更是主办了杂志《巴蜀画派》，为巴蜀画派的发展做出自己的贡献。

凡我所见，皆我所有

有那么一个说法：但凡在艺术上有一定成就的人，只要他走出四川就一定为世人熟知，声名鹊起。虽然这个说法有夸张之嫌，然而在历史上从巴蜀地区走出的有名画家确实不少，其中最为大家所熟知的莫过于民国著名画家张大千，他是二十世纪中国画坛上最传奇的国画大师，名气之高竟让海派、北派甚至岭南画派均将其列为派中人物。

张大千幼年便跟随母亲与姐姐学画，奠定了绘画的基础。九岁的时候正式开始学习绘画与书法，一年后他便能够帮助母亲描绘花卉、人物。在良好的家庭文化氛围下，他在不经意间踏上了绘画的道路。

张大千早期作品以临摹居多。在这段时期，张大千安守家中、耗尽心血，从清朝一直到隋唐的优秀美术作品大多被他所研摹。

据说，当时年少张大千在学有小成的时候经常对朋友恶作剧，将朋友家的名画借出，说是观赏可实际上却是临摹一幅，次日将伪作交还友人，却将真迹留在家中。而此举竟鲜有人发觉，可见张大千在年少之时绘画功力已颇为深厚，有着以假乱真的能力。

张大千的画风在 20 世纪 40 年代有所改变。他自费前往敦煌，耗费了几年的时间大量临摹壁画，为莫高窟壁画进行了编号，他的努力让敦煌艺术从此走进了大众视野。1942 年，张大千决定举家搬到敦煌，气候条件恶劣，张大千却在临摹中甘之如饴，并且改变了自己的画风，笔力日渐浓重。

后来，张大千游历四海，先后将画展开到了美国、香港、韩国等地，并且在法国遇到了毕加索，东西方两位画家相谈甚欢，并结为好友。

晚年的张大千依然孜孜不倦地从事着国画创新与传承的工作，并且开创了泼墨、泼彩等绘画手法，为中国画的发展注入了活力。1976 年，长期在海外生活的张大千回国定居，在完成巨作《庐山图》后病逝。

在《对小民的谈话》中，张大千曾经写下这么一句话："凡我所见，皆我所有。"世间万物在张大千的笔下均能栩栩如生。他为美术奉献一生，30 岁前的张大千画如其人，画风清新俊朗，而天命之年后画风日渐雄奇，80 岁以后张大千更是下笔墨淡意赅，独创的泼墨山水画融合天地灵气，成了巴蜀画派最耀眼的明星。

集精而聚，画派流芳

过去千年，史料记载甚少，因而关于巴蜀画派的过去我们也了解甚少，而如今为了弘扬与记录巴蜀画派的发展，在四川省委宣传部的领导与省文联的支持下，巴蜀画派文化产业集团成立。2011年，中国美术家协会多位管理人员在媒体上呼吁“推广巴蜀画派，刻不容缓”，而“推进巴蜀画派建设”“扶持巴蜀画派”更是先后被列入四川省委九届九次全委会关于文化强省战略的纲领性文件和四川省第十二个五年发展规划纲要。

巴蜀画派文化产业集团成立以后，一直致力于推广巴蜀画派，开办了《巴蜀画派》杂志、《中华美术》杂志以及《中华美术报》等文化传播载体，并且聚集当代巴蜀书画艺术家一同举办了首届巴蜀画派艺术品鉴会，见证了当代二百余名巴蜀艺术家的实力，还在北京与成都分别举办了大型展览，展示了当代巴蜀画派的风采。

2015年，四川省文联授予四川省巴蜀画派促进会常务副会长李杰“2015四川省社会组织先进个人”称号。随着多方的努力推广，巴蜀画派如今逐渐赢得了世界各国艺术家的广泛关注。

别样的书画——蜀锦

在古代的巴蜀，秀丽的纺织品与书画齐名，甚至蜀锦的名声比起书画有过之而无不及。相对于墨水画，五彩的蜀锦更得百姓的青睐，其丝柔顺滑的质地以及色彩丰富的图案让蜀锦成了巴蜀地区最重要的对外贸易品之一。

回顾蜀锦发展历史，虽不是一帆风顺，但亦享上千年盛名，作为巴蜀文化中最重要的物质遗产，蜀锦可以说是历史发展中最大的赢家。

巴蜀锦绣，沉淀历史的美景

巴蜀地区位于亚热带湿润季风气候区，四季分明、雨水充沛，尤其是以成都为代表的多个平原地区，土地肥沃，生物资源极其丰富，因而桑蚕丝以及草本植物染料成了巴蜀地区常见的物质，为蜀锦的横空出世奠定了物质基础。

根据史料记载，蜀锦已经有两千余年历史。早在先秦时代蜀锦便已经闻名八方。秦汉时期交通尚不发达，全国各地的商人都必须前往巴蜀才能购买到锦绣，正如朱启钤在《丝绣笔记》中记载："自蜀通中原而织事西渐，魏晋以来蜀锦勃兴……"

蜀锦不仅满足人们穿衣的需求，同时其也是军事物资。三国鼎立时期，蜀国的经济基础最为薄弱，为了巩固国家的财政基础，蜀国丞相诸葛亮对桑蚕的生产非常重视，将蜀地的农业优势最大程度发挥，大大拓展了军费来源。据史料所记载，蜀国的军事开支有一大部分是蜀锦对外贸易所得，在《诸葛亮集》中也记载过这么一句话："今民贫国虚，决敌之资唯仰锦耳。"

三国之后，蜀锦的发展势头逐渐趋向平缓，但经过数百年的发展后，蜀锦以更优异的姿态出现在唐朝盛世。据当时人记载，蜀锦一度远销日本、波斯等地区，成了唐朝对外贸易的重要物资。

直至现在，唐朝的团花纹锦、赤狮凤纹蜀锦依然流传，并且深得百姓喜爱。唐朝蜀锦的辉煌一直延续到宋元明三朝。北宋时期，朝廷特意成立成都府锦院，而元明时期更是随处可见蜀锦身影，元朝的《蜀锦谱》更是将两宋期间蜀锦生产以及蜀锦管理统统记录于案，成了首部记录蜀锦的专书。

在明朝末年的大规模战争中，巴蜀地区人口锐减，蜀锦的生产也陷入了停滞，甚至遭到了严重的摧残。到了清代，清初由于政府的重视，蜀锦生产很快得到恢复，产生出月华锦、浣花锦等品种，负有盛名。

华夏千年，蜀锦一直在巴蜀地区不断成长，经历过那么多起起落落后，以丰富的色彩和精湛的纺织技术名扬世界。

代代相传，千年技艺传四方

蜀锦之美，在于其顺滑的质地和色彩丰富的图案，我们不可忽视的是，蜀锦之所以能够千年不衰，其制作工艺的精良是其中不可或缺的因素。

走在巴蜀的街头，随处可见的蜀锦会让我们感到眼花缭乱，然而我们不知道的是，这一幅幅蜀锦背后要经过设计、定稿、点匠、挑花结本等多道复杂程序。专业的纺织工人透露，要完成一幅蜀锦，短则需要四五个月，长则需要一年。因为真正的蜀锦对纺织要求极高，仅仅铺底便需要 9680 根经线，过程中需要纺织工人密切配合。但即便如此，一天也只能织出七八厘米的蜀锦。

要完成一件蜀锦作品并不是一件简单的事情，需要经历很多道程序，可分为纹制工艺、练染工艺，及纺织工艺三大部分。练染工艺主要包括挑选材料、练丝以及染色等工序；而纹制工艺则包括花纹设计、配色、挑花结本等；纺织工艺则包括纺织前准备以及纺织两个部分。

简单看来，要完成蜀锦的编织只需要简单的三个部分，然而实际上其中每一个部分都包含着无数独特的工艺以及巴蜀人民千百年来传承下来的智慧，因此织造蜀锦并不是每一个人都能够胜任的工作。

蜀江锦院的工作人员告知，一名学徒甚至要经过将近 5 年的学习才能有机会参与蜀锦的编织制作，就以蜀锦工序中的投梭作为例子，仅仅是连续将梭子从丝线中甩出来这一动作就需要耗费 3 年的时间学习。也正因有如此严格的考核和烦琐的工序，才能够让蜀锦经久不衰。

经过繁杂工序编织出来的蜀锦会因为光线的折射焕发出不同的色彩，那些惟妙惟肖的图案在多道精良工序下呈现出浮雕镶嵌式的立体效果，这也是蜀锦和别的纺织品不一样的地方。

后世铭记，巴蜀锦绣博物馆

关于蜀锦的发展与流传，民间有太多的故事，而后世为了纪念蜀锦为巴蜀发展做出的贡献，特意建立了成都蜀锦织绣博物馆。

成都蜀锦织绣博物馆将古代手工制作工艺以及蜀锦历史文化等统统收藏、展示，馆内建有大型蜀锦编织工厂，并且有多台蜀锦木织机现场制作。在三千多平方米的区域内，将蜀锦的前世今生统统呈现。

巴蜀文化特色吸引了越来越多的外地人，越来越多的人对蜀锦产生了兴趣，相信蜀锦未来定会被发扬光大。

古今千万载，乾坤袖中藏

回望巴蜀两千年发展，其经历了无数次的繁荣与挫败，历史上巴蜀曾有数度繁荣，因而有着无数瑰宝传承于世，造就了今天巴蜀收藏业的崛起与发展。

回望巴蜀近代的收藏行业发展史，有不少收藏爱好者从中走来，他们或出于爱好，或出于责任，将历史长河中散落的文化瑰宝集于一堂，为巴蜀历史文化研究做出了巨大的贡献。

千年聚宝后世流芳

四川博物馆是西南地区最大的综合性博物馆。为了让更多的巴蜀百姓能够从收藏品中一窥巴蜀过去的辉煌，因而建成以来始终免费开放。

博物馆内共分为三层，第一层主要是展示四川汉代陶石艺术；第二层分为青铜器、陶瓷、书画等展览区，其中开设了著名巴蜀画家张大千个人展，让更多的人能够了解这位美术奇才的一生；第三层主要是藏族文化、宗教文化展区。

最吸引参观者的莫过于二层的陶瓷精品展厅，要知道在古代，富庶的巴蜀地区是华夏文明中最早使用陶器的地区之一，大溪文化、宝墩文化以及著史的三星堆文化均出土大量陶器，而隋唐时期的各种窖口更是为历史爱好者所津津乐道。此外，唐宋时期的三彩、彩绘大器以及省油灯等瓷器更是直接地体现出了巴蜀人民过人的智慧与创造力。

巴蜀陶瓷的发展可以称作是中国陶瓷发展的缩影，与此同时巴蜀的陶瓷发展历史与特色也展现出了巴蜀地区的饮食文化。比如说藏在馆内的泡菜坛便是重庆古代饮食文化的体现，《诗经》有云“中田有庐，疆场有瓜，是剥是菹，献之皇祖”，泡菜坛让观者回到了古代的重庆地区，一窥当时的生活习俗。

从博物馆中我们可以看到，馆藏的陶瓷文物多为生动形象的汉代陶塑与多彩多姿的宋三彩俑，众多精美的陶器均展现出巴蜀陶瓷的自然美，细心的历史爱好者会发现馆藏的瓷器中，属于官窑的少之又少，更多的是充满生活气息的普通瓷器。

文物作为历史的承载者，它仿佛一个龙钟老人，跟每一个热爱巴蜀的子民讲述故乡过去的故事。

术业专攻，钱币收藏达人

谈起巴蜀的收藏家，相信业内的收藏爱好者都听过罗伯昭的名号。在20世纪二三十年代，古钱币收藏风气也达到了高潮，一夜间全国诞生了数以千计的钱币收藏家，但这种现象并没有维持多久，后来人们能记住的这段时期收藏家中最著名的三人号称“南张北方巴蜀罗”，也就是张叔驯、方若和罗伯昭。

罗伯昭的一生沉醉于收藏，他也被称作是巴蜀地区的钱币收藏大师。罗伯昭早年就读于上海圣约翰大学，学成归来后对古钱收藏产生了兴趣，恰逢当时钱币收藏风气在四川蔓延，沉迷收藏的罗伯昭不惜千金散尽，买来了大量的收藏品。

抗日战争爆发后，正在汉口的罗伯昭回到重庆，但很快又迁居到上海。而到了上海以后，罗伯昭并没有放弃他的收藏爱好，并且在收藏会友活动中买下了众多珍贵收藏品。

在当时，罗伯昭已经小有名气，有一定经济支撑的他在乱世中创办了《泉币》杂志。此外，罗伯昭一直投身于古钱币研究，写有不少考证、鉴赏文章，广征博引、阐幽抉微、掷地有声，是钱币发展史中不可多得的资料。

1957年，从事钱币收藏将近40年的罗伯昭将自己珍藏的万余枚钱币捐献给中国历史博物馆，五年后他又将另一批钱币捐给上海博物馆，为国家的考古事业以及科研事业做出了巨大贡献。

罗伯昭于1976年去世，他的子女决定将他收藏的所有钱币捐献，其中140件捐献给上海博物馆，其余的归四川博物馆所有。正如罗伯昭生前所说：“我花了无数心血收藏，但是你们没有一人继承我的爱好，我的收藏在子女手里就是废铜烂铁。把它们捐献给国家，就能得到永久保存。”

巴蜀收藏第一人

俗话说：文无第一，武无第二。然而在巴蜀有那么一位收藏家，他在业内无人不知，尤其是他对收藏的热情让每一位收藏家都对他非常崇敬，并且尊称他为“巴蜀收藏第一人”。他便是徐江涛先生，一个在收藏界打滚了三十多年的“老炮儿”。

徐江涛15岁便接触收藏，正在读书的他经常往家附近的古玩市场跑，当时古玩市场里的藏友都认得这个孩子，并且有意无意地向他传授一些收藏的知识，久而久之徐江涛渐渐地对这些古老的器具产生了浓厚的兴趣。

成年后的徐江涛很快就成为了收藏界的一分子，相比起其他以“玩”为主的收藏家，徐江涛显然打算将收藏当作他一生的事业，不断地买书钻研各种收藏知识，开始涉猎玉石、书画等收藏领域。

当时徐江涛之所以毫无顾忌地投入收藏行业，是因为他家境富裕，父亲为他留下了一笔不菲的家产。然而，突然有一天，他的夫人告诉他家里已经完全没钱了，就连孩子的奶粉钱都毫无着落，徐江涛一时间陷入了生活的困境。

面对经济窘境，徐江涛想过将家中的藏品出售，这的确能迅速换来不菲的收入，然而很快徐江涛就否定了这个想法，他舍不得卖掉自己的心血。30岁的徐江涛决定下海经商，开启“以商养家，以商养藏”的道路。

由于在收藏界有着极好的人缘与口碑，徐江涛下海经商后如鱼得水，并且很快就踏上了致富的道路。期间，徐江涛偶然认识了巴蜀收藏大家李铁锤先生，在李铁锤先生的影响下，徐江涛开始收藏巴蜀古陶瓷，并且拜李铁锤为师，跟随他跑遍巴蜀古窑址。

十多年后，徐江涛俨然成了巴蜀收藏的第一人。越来越多的人在他的影响下投身收藏行业，以自己的力量去保护过去每一个时代遗留下来的文化遗产。

提及“收藏第一人”称号的时候，徐江涛说自己并不在乎这些虚名，他更希望自己能够成为一个面向大众的文化传播者，甚至希望为巴蜀文明创办一个博物馆，以自己擅长的方式回报社会，让更多年轻人对巴蜀文化有更多的认知。

随着徐江涛等人的努力与坚持，收藏成了巴蜀文化领域近年来异军突起的一部分，越来越多的人愿意耗费时间去欣赏、了解这些收藏品背后的故事。相信在不久的将来会有越来越多的年轻人愿意投身其中，成为巴蜀文化的传承人。

当代画展见真章

随着时代的发展以及互联网的普及，人们越来越容易掌握各种信息，而巴蜀地区的美术作品也随着信息技术的发展更多地呈现在人们的面前。

比如说相比从前，画展的举办变得更具有号召力与影响力，画展也逐渐成了人们日常的精神食粮，越来越多的画展出现在巴蜀地区，让巴蜀美术界逐渐呈现出一种百家争鸣的景象。

同行结伴，巴蜀画派六大家

在当代巴蜀画派中有那么一群人，他们的青春留在20世纪60年代，那时候的他们心怀着激情与梦想，凭借着努力与坚持考入了四川美术学院，把人生中最美好的青春年华留在了川美。

如今，五十多年过去了，他们各自在美术界闯出了自己的天地，然而让他们内心念念不忘的是当年在母校时的点点滴滴，因而这些老艺术家们决定，用自己的创作去回馈山城的父老乡亲，以作品回馈母校的教育与培养。

几年前一场震惊巴蜀画派的画展在中国三峡博物馆展开，六名来自四川美术学院的老艺术家共展出山水、花鸟等各种主题的作品90幅，其中有传承文人画的书画一体的作品，也有的艺术家将西方的文化融入中国画当中，让人有一种耳目一新的感觉。

这次画展，六人分别带着自己风格鲜明的作品前往参展，并且在匠心独运中抒发了对巴蜀以及母校的热爱。嘉陵江书画院特聘画家王泽松作为六人之首，带着多幅作品参加此次展览。早已功成名就的他始终心系母校的发展，为吸引更多年轻人从事艺术行业而不断努力。

中国美术家协会会员张自启同样也时刻关注着巴蜀地区美术的发展。1943年出生的张自启，在过去十数年中获奖无数，在2010年被评为当代30位最具学术价值和市场潜力的（人物）画家。出版有《张自启画集》《百杰画家·张自启作品精选》《中国画精英人物张自启》《当代中国美术名家张自启卷一、卷二、卷三》等著作，是本土颇有名气的一名画家。

一同参与这次画展的还有美术教师刘云泉，四川美术学院版画系教授、研究生导师邹昌义，嘉陵江书画院特聘画家宋立贤以及四川美术出版社编审何昌林，这群昔日同窗在五十余年后再次相聚，带着各自的艺术成就踏上了画展的舞台，向年轻人展示他们的努力与成就。

这场为期四天的画展吸引了无数参观者，越来越多的年轻人从六位老人身上汲取力量，在艺术的魅力中感受到精神的富足。

创作达人，名师高徒风情万种

作为巴蜀著名的乡土风情画家，邓由怀自嘲“性格木讷”可却声名远播。事实上，邓由怀能有今日声名，一方面因为其乃艺术巨匠张大千先生的传人，多年来一直在张大千先生门下清心守寂，潜心悟道；另一方面他近年来常参与各种画展，技艺高超的作品总是为他赢得满堂喝彩。

邓由怀出身于书香世家，父亲是一名私塾教师，也擅长书画。在父亲的熏陶下，邓由怀很小就展现出了美术天赋。为了让儿子能够更好地在美术的道路上发展，邓由怀的父亲让他拜师龙国屏、王永年先生，后其更是机缘巧合下成为张大千先生的再传弟子。

邓由怀的作品面世率极高，其作品除了在报刊发表之外，更多见于省市艺术单位的推荐与展览中。

很久以前，邓由怀便因为作品入选全国职工画展而声名大噪，随后各种全国性的展览均向他抛出了橄榄枝，巴金学术研讨会专题展、“世纪·中国风”全国大展、“亚亨杯”全国大展等各类大型美术展览中均能够得见邓由怀的身影。期间他更是多次代表成都出赛，赢得澳门回归大展优秀奖、中韩交流展优秀奖等奖项，为成都乃至巴蜀画派增光。

这位名震全国的画家从没有忘记家乡，多年来他始终支持四川地区的美术展览的发展。他的身影频繁出现在巴蜀地区开办的展览中，比如四川首届山水画大展、首届四川名画家推介展等美术展在邓由怀的参与下提高了展览档次，吸引了更多的优秀美术家参与其中。

邓由怀最近一次出现在画展中是以线上画展的方式去呈现他的作品。2019 年 1 月第二届“艺在眼前”网络展中，邓由怀带来了他的作品，并且以全新的方式去呈现。通过网络展示，邓由怀的作品得到了更多的年轻人的喜爱，同时在互联网上他也时刻影响着其他的人，其漫漫求索、倾己所有的匠人精神影响着下一代年轻人，让巴蜀精神以画展为载体，融入更多巴蜀年轻人的骨子里头。

俗话说：名师出高徒。邓由怀如今已经年过古稀，可他依然笔耕不辍，对自己的技艺勤加打磨。他的名望远远比不上张大千，然而他一直以来努力宣传巴蜀画派以及作品的行动，使他成为当代巴蜀美术发展的强力推动者。

从艺无悔，古稀之年的执着

经常参观巴蜀地区画展的观众，一定听说过朱常棣的名字。作为国家一级美术师，朱常棣数十年来以一支画笔为巴蜀的美术增光添彩。朱常棣为人风趣且敬业乐业，无论去到哪里总能够把人逗得开怀大笑，但心底却又对他敬佩不已。

2018 年，朱常棣在荣宝斋开办了自己的一场个人展，他将自己的作品以及出版的书籍均带到了现场，据说当时许多在校美术生为了一窥朱常棣真容而早早来到多功能厅门前排队进场。

其实，对于朱常棣而言，参加画展是一件十分稀疏平常的事情，在过去的数十年间，他的作品曾经出现在全国写生画展，全国漆画展，全国山水画展，全国画院双年展，第八、九届全国美展等众多全国性大展和多个国际画展当中，他将中国山水画带到了国际舞台，并且惊艳了众多国外友人。

与此同时，朱常棣更是在北京、台北、首尔、吉隆坡、纽约等地举办个人画展。据说不管朱常棣去到哪儿，只要个人画展能够成功举办，其便在一夜间成了当地小有名气的艺术家。

他始终关注着社会的发展动向。在他的作品中人们总能够读到他对家乡、对社会的评价。在荣宝斋的个人展上，朱常棣在作品中加入了大凉山风景元素，观众对画中所勾勒出的无污染自然环境赞不绝口，画展激发了人们对自然环境保护意识。

年过八旬的朱常棣对于参展、演讲等工作十分重视。据说在四川美术馆举办个人展前夕，成都市突然暴雨如注，可当时 76 岁的朱常棣依然冒雨赶往画室，为即将举办的个人展做准备。

如今朱常棣依然笔耕不辍，坚持在生活与工作中寻找灵感，为社会带来更多优秀的作品。在他 80 岁的那年，四川美术馆为了表彰他对巴蜀美术发展的贡献，举办了“朱常棣 80 寿辰中国画展”，展示了朱常棣多年来的精品画作，对朱常棣将近七十年的美术生涯给予最高评价和肯定。

在数十年的美术生涯中，朱常棣不仅仅通过画展将巴蜀画派的精神传遍全球各地，同时他还抽空投身教育事业，为无数学生传道授业。哪怕是近几年身体欠佳，朱常棣依然没有放弃工作，坚持作画。

出色的技艺加上乐观的处世之道，难怪朱老直到如今依然能够活跃在国内外的一线美术展览中，成为人们口中的“俏皮老人”了。

第七章　珍馐百味名馔

俗话说：民以食为天。作为天府之国，巴蜀地区的美食自然有其文化特色。尤其是四川地区，其美食文化自成一派，甚至位列中国古代八大菜系之一，可见其美食文化的影响之深远。

寻常的一日三餐却是经过了无数时光的考验，流传下来的生活智慧，是经过时光检验的瑰宝。

品尝的不止麻辣

提起川菜，想来人们想到的便是菜碟上那红彤彤的辣椒。对于大多数非巴蜀人而言，川菜与辣椒永远都连接在一起，甚至有人会认为，任何菜肴只要加上辣椒便是一道正宗的川菜。

但事实并非如此，川菜的魅力并不在于“辣”。反观川菜的发展，其之所以能够跻身全国八大菜系正是因为多元化。虽然，在历史的进程中川菜一直都以辣示人，但实际上川菜并不仅仅只有辣，在辣的背后是川菜悠长的发展历程以及多样的风味。

川菜的历史可以简单地分成两个时期，其转折点便是清朝末期民国初期。清朝之前，川菜与其他菜系甚少交流，既有红烧辣子鸡等辣系菜肴，同样也有开水过白菜等清淡口味，但不管如何，在清朝末年之前，川菜虽然名列全国八大菜系，可比起如今百花齐放的川式菜肴，略显单调。

清朝末年，随着重庆逐渐成了内陆最重要的港口之一，巴蜀地区接纳了不少外国商人，跟过去与缅甸、印度等地的交流不同的是，清朝末年世界经济水平提高，外来者对于饮食的要求也逐渐提高，久而久之川菜在文化的交流中逐渐变得“饱满”，形成了现在的“新川菜菜系”。其中，九宫格的出现造就了川菜“一格一味”的发展基础，寓意着川菜走向了一个新的时代。

如今川菜，按风格划分可用“三分天下”来形容，其中最广为人知的流派可称作是“上河派”，是以成都、眉山为中心形成的菜系。让人惊讶的是，上河派的代表菜肴竟然是饭桌上最不起眼的开水过白菜。正宗的开水过白菜并非简单地以白水煮白菜，而是以母鸡、排骨以及干贝等食材长时间熬制高汤，用熬制而来的高汤将白菜心烫熟，再以菜心垫底灌以高汤……对于上河派菜系而言，辣味的地位并不高，其流派最常见的是菊花豆腐、甜烧白等非辣味菜式。

而另一个与辣味关联不大的菜系叫“小河帮派”，其是由盐帮菜、糖帮菜、河鲜菜、三江菜等多种地方菜式合并而成。其中我们最熟悉的莫过于盐帮菜。盐帮菜菜式以咸鲜为主，当中最奇妙的菜式莫过于“退鳅鱼”。据说，做这道菜需要从打鱼时便开始准备烹饪，待鱼打上来后立即烹饪。能够吃上正宗“退鳅鱼”的机会少之又少，相传在古代人们要想吃上这道菜需要花费制盐工人半年的工钱。

第三大流派被人们称之为“下河派”，其以重庆为中心，因而在重庆成为重要港口后该流派迎来了巨大的发展创新。人们对下河派最熟知的菜式莫过于毛血旺，甚至直到现在人们提起川菜第一时间想起的还是它。这一道代表下河派的川菜成为了人们心中川菜的模样。

川菜的发展蕴含了无数岁月的变迁，通过不同的菜品，我们能够品尝到不同地区对美味的追求。当川菜浓郁的“历史”在我们口中融化的一瞬间，我们会发现其实川菜并不仅仅是“辣”，它虽一直以“辣”示人，但其背后的万种风味才是川菜真正的内涵所在。

盆中鲜，烫中乐

相信很多人都对四川的火锅文化有耳闻，尤其是重庆毛肚火锅更是闻名全国。然而，鲜为人知的是火锅文化其实早在1700年以前的史料中便已经有所记载。西晋著名文学家左思在《三都赋》中有“日暮汉宫吃毛肚，家家扶得醉人归”的诗句，这似乎也说明了重庆是火锅的发源地。

关于火锅文化，其实从字面上即可窥见一二。所谓火锅其实便是底部有火，上面有锅，唯一不同的是在历史进程中，不论是锅抑或是燃料都在不断演进，从而丰富着火锅文化的内容。

在火锅发明之初，巴蜀的老祖宗们利用一个陶制的鼎装上所有的食物，然后在底部生火，将食物煮熟。

三国时期，魏文帝曾提到过以“五熟釜”烹饪，其实那与“九宫格”类似，以一个分有几格的锅烹饪不同的食物，可以称作是“九宫格”或“鸳鸯锅”的雏形。

清道光年间，酒城泸州的小米滩上流行这么一个吃法：将一瓦罐放置在炊具上，在罐中注水，加上各种蔬菜，再加辣椒与花椒，煮熟后即可食用。当时有许多长江上的船工寄宿在小米滩，他们试过这种新颖的吃法后，觉得妙不可言，因而火锅的美名便在长江码头上流传开。

如今，火锅成为了巴蜀美食文化中不可缺少的一环。每一个来到巴蜀旅行的游人都没有办法抵抗四川火锅带来的无穷妙味。巴蜀的火锅文化最大的特点在于鲜、香、麻、辣一样不少。经过多年的发展，四川火锅已经不仅仅是麻辣味，发展出各种口味，只是仍以麻辣为最突出的代表。

川渝火锅对于辣的处理相当有心得，讲究外刚内柔。四川火锅食材多达几百种，从传统的毛肚到如今的家禽、水产以及各种蔬菜，其种类之多可以说数不胜数。最重要的是，火锅经济实惠，适合聚餐，尤其是“九宫格”的出现，让不同口味的人均能够品尝四川火锅的风味，这完全符合巴蜀文化中海纳百川及喜迎天下客的精神内核。

火锅作为巴蜀饮食文化最重要的部分，始终以极其友好的方式去对待着每一个本土居民和外来游客。不管是谁，只要走在巴蜀的土地上，便无法抵抗火锅的魅力。也许，这便是一个地区的文化魅力所在，让每一个曾经品尝过川渝火锅的人无法忘怀，川渝火锅就像是一个烙印在灵魂中的图腾，只要提起川渝火锅，每个人的脑海中便会出现那一片红。

随处可见的小巧

一个人为了火锅而远赴巴蜀，那他一定是个不折不扣的吃货；但如果说一个旅人在巴蜀地区只享受过火锅盛宴的话，那么他一定错过了巴蜀地区许多特别的美食。

在巴蜀地区有那么一系列美食，以不同的形式出现在人们面前：挑担卖的、提兜兜售的、摆摊展示的、开铺贩卖的……只要有小贩的地方，我们就能够看到它的存在。这些每一个人都无法抗拒的美食，有一个统称，叫作巴蜀小吃。

在巴蜀当地有那么一句话："天下小吃出巴蜀，巴蜀小吃出成都"，巴蜀小吃大多集中在成都。成都物产丰富，在非战乱期间成都人均可自给自足，生活安逸，所以成都人都舍得在吃上面花功夫。由于历史与生活给予了他们足够的时间与兴趣，因而成都的小吃在小吃界一直都处于首屈一指的地位。

若要数清成都小吃的品种，恐怕并不是一件容易的事情。成都小吃品种繁多，且味道多变，据网上统计成都常见的小吃有 500 多种，成都市道路两旁，基本一半的店铺均是小吃店。

按原材料成都的小吃主要分成面食、米制品、菜肉制品、杂粮制品四大类，又可分为宴席、传统小吃、通俗小吃三种类型。成都小吃十分注重选料，在调味技艺上，讲究多味衬托一味，其无论是咸、甜、辣味小吃均各有特色。

成都小吃之所以在国内颇有名气，就因为它的口味丰富，尤其是多味烘托一味的特点让无数吃货为之着迷。比如说，成都小吃里最常见的口味便有香甜、咸甜、椒麻、红油、怪味、家常、麻辣、咸鲜、糖醋、芥末、蒜泥等十余种，配上不同的烹饪方法，成都小吃的品种可谓是千变万化，人们更是将小吃纳入正宗川菜之中。

如果说，如今小吃市场上大多都是那些名震一时随后消失不见的"网红小吃"的话，那么成都小吃可以说是当中的一个另类。成都很多有名的小吃，都是由小贩在实践中不断钻研出来的美味，他们或在街边开店，或肩挑手提，总之都使自家产品经受住了市场长时间的检验，在时间的推移中逐渐创制出独一无二的名小吃。比如说春熙路的龙抄手、总府街的赖汤圆、荔枝巷的钟水饺、耗子洞的张鸭子等小吃均是通过长时间的经营方才有如今的名声。

不得不承认，成都小吃的名气相比起传统川菜，可谓是有过之而无不及，甚至在不少的川菜宴席中我们均能够看到小吃的身影。它小巧精致，穿梭在各大名菜之间，或清脆可口，或香甜浓郁，起到调节口味，赏心悦目的作用，可谓是我国美食文化宝库中十分有分量的美味之一。相信在日后，会有更多的人感受到成都小吃的魅力，那散落街头每一个角落的美味将会集结成团，成为巴蜀美食中不可忽视的一分子。

一壶香茗品古今

蜀茶历史很长，据说早在秦以前，蜀茶便已经成为了邦交必备的礼物，而在唐宋年代其更被用于交换战马。如今，茶文化依然是四川本土最特别的文化之一，并且深受全国各地爱茶之人的青睐。

四川地区名茶品种繁多，而且四川出产的茶叶已经经过了时间的洗礼，数千年筛选出来的茶叶完全能够满足广大百姓对茶叶的需求。正因为四川是茶文化的发源地之一，饮茶成了巴蜀文化最重要的组成部分。

走在四川的街道上，随处可见各种各样的茶馆、茶肆，有的标新立异，也有的尊古守旧，让每一个人都能找到适合自己的品茗方式。

在川西，随处可见饮茶的人，有年过古稀的老人，在饮茶之余赏玩花鸟助兴；也有职场打拼的中年人，在一天的忙碌过后品一壶香茗，让淡淡的茶香化解劳累；更有年轻人，想从品茶中感受传统所带来的乐趣与新奇……

巴蜀百姓饮茶可不是随随便便，其饮茶需有五道程序：首先净具，用温水将茶碗、碗盖以及碗托清洗干净；随后置茶，将茶叶摄取至碗盖中，出色的泡茶师傅往往能很好地把控摄取量；再者沏茶，将沸水冲至茶碗口沿，随即盖好碗盖，静心等候；3～5分钟后闻香，右手提起茶托，左手掀盖，细闻茶叶芬芳；最后，以左手拿住碗托，右手提盖，再将茶汤徐徐送入口中，品尝芳香入喉的美妙。

随着巴蜀百姓对茶的热爱越来越甚，其独特的饮茶方式以及茶具逐渐形成了另一种文化现象，吸引了无数中外游客。茶文化体现了巴蜀文化中沉淀在最低处的传统魅力，同时也体现出了巴蜀人最具特色的一种生活情趣。巴蜀地区多有茶馆客似云来，善于交际的巴蜀人在其中谈天说地，结交良朋，这种交流方式称作为“摆龙门阵”，这是四川茶文化中的一种独特文化现象，具有强烈的巴蜀文化色彩。

而要说到巴蜀地区最具有特色的茶文化，自然非“盖碗茶”莫属。“盖碗茶”是巴蜀人最传统的饮茶方式，茶具上为碗盖下为碗托，中间为碗，当地人称之为“三才碗”。对于巴蜀人而言，盖碗茶的魅力在于其设计蕴含了先祖的智慧：饮茶时若想茶汤淡些，则可用碗盖在水面轻轻一刮，使茶水上下翻转；而若重重刮之茶则变得浓郁，这是其他饮茶方式所不能媲美的巧妙之处。

盖碗茶文化早已经植根于巴蜀百姓的骨子里头，对于他们而言，盖碗茶代表了一种生活方式，巴蜀子民从中能够感受到一份悠闲与乐天。在四川等地的老茶馆里，我们总能够看到盖碗茶与川戏的融合，每一个巴蜀人都有着一边听戏一边喝茶的习惯，通过盖碗茶他们仿佛能够感受到巴蜀千年的文化沉淀，与台上的川戏演员一同品味巴蜀那迷人的历史。

多少年来，茶文化一直伴随着巴蜀地区成长，其随着时间的推移逐渐在每一寸土地上普及，并且以其独特的魅力一直占据巴蜀人们生活中最重要的位置。

千年美酒万世传

众所周知，四川是国内水资源最为丰富的地区之一，由于靠近多条河流的发源地，水质自然也毋庸置疑。有好水，巴蜀地区逐渐衍生出另一种源远流长的美食——川酒。

谈及川酒，人们脑中会蹦出几个响亮的名字：五粮液、剑南春、泸州老窖，它们享誉全球。然而，巴蜀地区的酒文化并不是依靠这几个知名品牌堆砌而成，其在过去千年间有着数不清的辉煌往事，川酒的名声便是在这点点滴滴中积累而成。

川酒的历史源远流长，早在商朝的时候便已经有了川酒的踪迹。据说，在出土的商周文物中，酒器占了将近 40% 的比重。而史籍记载，在汉代的时候便已经有酒肆经营。

根据史料记载，历史上巴蜀地区的酿酒业十分发达，加上巴蜀百姓性情豪迈，因而饮酒成为了巴蜀人们社交活动中最重要的内容。尤其是在唐宋时期，当时成都地区的经济文化发展相当迅速，酿酒业也得到了飞速的发展。

巴蜀人好酒已经不是什么秘密，在酒文化源远流长的巴蜀，多少人愿为一尝美酒而不惜醉生梦死。著名诗人李白嗜酒千年来人所皆知，正如杜甫在诗中所写一般“天子呼来不上船，自称臣是酒中仙”，可见美酒的魅力，就连千古文学巨匠亦无法抵挡。

巴蜀人不仅仅善于制酒，酒量也是不小。巴蜀地区所制造的美酒大多为高度酒，低度酒在巴蜀地区基本没有市场。四川有这么一句话：“女人自带三分酒”，其可见巴蜀的女生在喝酒上也是“巾帼不让须眉”，同时这也反映出了巴蜀地区酒文化的普及程度。

千年美酒，万世流芳，多少年来巴蜀地区一直为各地提供醇厚美酒，酒香飘逸，醉倒了数个时代。在巴蜀发展的历程中，我们始终能够闻到那美酒飘香。

第八章　悠悠行旅在路上

文化或可以分为两种：一种是自然风光在时间的打磨下所孕育的精神文明；另一种是人们在时代发展中所展现而来的智慧结晶。古建筑便是属于后者，那是人类智慧的体现。

巴蜀地区有丰富的文化遗产，其中有的已经升华为巴蜀地区的地标和图腾，而有的则成了旅游胜地。在时间前进的脚步中，古文明始终扮演着自己的角色，将过去的瞬间展现在今人面前。

质朴的古城

在巴蜀，除了成都、重庆以外还有一些始终不因时光流逝而改变的古城，它们淳朴厚道，像是一个鹤发童颜的老人在给孩子们讲述着过去的故事一般。

邛崃：两千年辉煌的缔造者

早在两千多年前，邛崃便已经是巴蜀地区颇有名气的一座城，它距离成都不足百公里，素有“天府南来第一州”之称，是巴蜀地区历史最悠久的古城之一，城内文化古迹众多，独特的人文景观以及丰厚的文化积淀让这座城成了历史文化宝库。

平乐古镇被称为茶马古道的起点，其在历史上是一个人流不绝的水陆码头。新中国成立以后，人们为了纪念当年促进巴蜀经济发展的水陆码头，保存千年的民俗艺术，决意保留当时的民居建筑以及地方特色景观，将明清时期的古民居保存至今。

当我们走在邛崃的大街上，百年前的水光山色仿佛并没有因为时代的变迁而改变。邛崃一度被评为“秦汉文化川西水乡”，川西水乡古镇的味道浓缩在这个小小的镇上。

据说，当年卓文君与司马相如所演绎的“凤求凰”便是在此诞生，其历史文化的深厚比起巴蜀地区其他城市可谓是有过之而无不及。景观中最著名的莫过于清朝同治年间所建造的乐善桥，由于其出色的外形以及百年间屹立不倒的工程质量，被称之为“邛南第一桥”。

由于其竹子资源丰富，邛崃的造纸业十分发达。早在明清时期，其沿江两岸的造纸作坊就成百上千，当时的江面上总是铺着一层厚厚的白沫，“白沫江”的名字也是因此而来。

随着时代的变迁、技术的变革以及人们的环保意识增强，那些造纸的小作坊退出了历史的舞台，江水也逐渐恢复了清澈。如今，沿江两岸开满了供游人休息的茶馆，熙熙攘攘的人流让这座古老的城市一直保持着充足的活力。

我们不知道还有多少不为人知的时光的秘密藏匿于此。一直以来，许多热爱故土、热爱历史的志愿者前仆后继地对这座城市进行研究，挖掘它两千余年来走过的路。2018年，凡丁、杨辉祥、高祥君等热心市民自发成立田野调查小组，对邛崃做深入调查，将固驿布市街、临济郑湾花碑、平乐探花桥等一些鲜为人知的历史遗存重新带回人们的视野当中。

邛崃作为巴蜀地区历史最为悠久的城市，就像是一个深不见底的宝库，将数不清的人类瑰宝保留在其中，等待着有缘人前来发掘。

鹃城：此处该为英雄冢

鹃城又称郫县，古代称郫邑，其建城的时间估计比邛崃更早。早在两千多年前，郫邑便是古蜀国的都城。公元前314年，秦国灭蜀国后，郫邑正式更名为“郫县”。

而郫县之所以被称为鹃城，主要是为了纪念古蜀国明主杜宇。关于杜宇的故事，在《四川通志》中有如此记载：“望帝自逃之后，欲复帝不得，死化为鹃。每春月间，昼夜悲鸣。蜀人闻之曰：‘我望帝魂也。’”在百姓的潜意识中，杜宇一直都保佑着鹃城人民，保佑着当地风调雨顺。

作为在巴蜀历史上最知名的蜀人先祖，杜宇与鹃城仿佛已经合为一体。在鹃城，有许多供奉杜宇的寺庙，其中望帝陵是杜宇墓。望帝陵位于望丛祠内，古祠内如今依然供奉着望帝与丛帝的青铜塑像。

而供奉塑像的殿堂旁边便是望帝与丛帝的陵墓，两墓相对屹立，其中望帝陵是目前巴蜀地区发现的最大最古老的帝王陵墓，每年端午节，人们就会聚集在望帝陵，举办一年一度的祭祀活动以及望丛赛歌会。人们在载歌载舞的活动中缅怀着两位帝王的丰功伟绩。

历代，无数的英雄人物生于此也长眠于此。比如说，汉代有名的哲学家、语言学家扬雄的家乡便在鹃城，此外，西汉大司空何武，宋代著名诗人张俞，五代宋初大画家石恪，清代知名将领罗应旒同样来自鹃城。

作为钟灵毓秀、人才辈出的文化古城，这里的文物古迹大多与英雄冢有关，何武墓、严君平墓、蓝家坡山汉墓、扬雄墓等成了鹃城最有名的文化古迹。

当代，郫县的发展十分迅速，其始终坚持立足农业，一方面，郫县常年被评为全国蔬菜标准化生产示范区、中国盆景之乡；另一方面，郫县所生产的郫县豆瓣享誉全球，被称为中国最顶尖的调味料之一。

随着时间的变迁，郫县渐渐成了巴蜀地区的一个重要的城市，在这里埋藏着许多历史英雄人物，也孕育着无数社会精英，作为巴蜀历史古城之一，这座城市仿佛永远保持着活力与冲劲，准备在新时代展示自己的力量。

昭化：巴蜀文化的活化石

如果说，鹃城与邛崃是巴蜀文化的传承者，那么昭化便可以说是巴蜀文化中的活化石。因为这座城市在4000多年前就已经存在，而且在现代社会中依然保留着古城风貌。

作为巴蜀保存最好的古城之一，其是所有三国历史爱好者的朝圣之地，因为在昭化依然保存着大量的三国古遗址，如古驿道、葭萌古关、费祎墓、武侯祠、费敬侯祠、战胜坝、天雄关、牛头山、姜维井、桔柏古渡、关索城、鲍三娘墓等，这些古遗址均是蜀汉政权兴旺的见证。其中，费祎墓、鲍三娘墓更是三国文化中垄断性资源，它们保存完好未被时间损毁一丝半点。

位于剑门蜀道上的昭化古城是历代君王所看中的军事重地，尤其是在三国时期，其为蜀汉抵挡了无数外来侵略，而在此地也有无数的英雄人物横空出世，如鲍三娘，其本是普通女子，但由于嫁于关羽第三子关索，且随军出征抵抗外敌，因而名垂千古。

数千年来，除了数不清的英雄豪杰诞生于此外，昭化古城更是为巴蜀文化积攒了无数民俗盛事，其中川主庙会、城隍会、娘娘会、舞狮、牛牛灯、采莲船、走高脚、吹唢呐、哭嫁等近 20 种传统风俗与节日吸引了无数游客前来欣赏。由于昭化古城在古代为军事重地，因而不少民间故事均围绕着三国战争创作，比如说“张飞挑灯夜战马超”“姜维兵困牛头山”等，可见不管是在当代抑或是古代，三国文化对于昭化古城及其百姓都异常重要。

综上所述，对于昭化古城而言，它发展的原动力来自古代文化，就连其美食也多与历史有关。在昭化古城中有一道名为女皇蒸凉面的菜肴，相传是武媚娘入宫之前，与青梅竹马的情郎常剑峰试验创成，后来人们更是打趣将其命名为“夫妻米凉面”。

不管从哪一个角度去看待昭化古城，我们均能够从中看到它背后庞大的历史文化底蕴，作为巴蜀历史的活化石，昭化古城始终将过去的文化完完整整地保存在城中，供后人敬仰。

走在百年大街上

传统的魅力在于其对于一座城市的影响。数千年前便出现人类文明的巴蜀地区，有着数不清的传统文化以及特色地区。只是，很多具有巴蜀特色的地区均被千年战火无情损毁。

幸运的是，在巴蜀地区依然保留下很多百年大街，它们虽然经历了战争可屹立不倒，仿佛要将往事烙印在巴蜀的土地上，让后人能够了解发生在这片故土上的故事。

被时代赋予新使命的弹子石老街

弹子石老街是位于重庆市南岸区的一条百年老街，在 19 世纪初期，其曾经是中国西南地区最有名的水路埠口，当时法国水兵也在此扎营，其名声之大可与龙门浩、海棠溪等渡口齐名。

作为重庆开埠最早的地区，弹子石老街渐渐被岁月磨蚀，久而久之失去了原来的模样。2018 年，结合川东民宿风格以及开埠建筑风格后复建了弹子石老街，将百年老街的历史保存了下来。

弹子石老街在原有的老街肌理基础上，进一步将新的设计融入古老的风貌中，从而成了一条具有新时代特色与怀旧情怀的老街。重要的是在经过学者大量的考证后，弹子石老街街口的百岁寿牌坊也重新被伫立于街口处，这对于民间文化以及街道的历史文化研究具有极大的意义。

修复后的弹子石老街以“一街两埠四院十景”为核心景观，其中一街就是指弹子石老街，而“两埠”则是指下江和上埠。四院是王家大院、孙家花园、夏家大院、青阳公馆四个大院。海关石、映月池、青云桥、花朝门、余音阁、利川号、涂山窑、爱情墙、一德堂、百岁坊为“十景”，其中每一个景点背后都蕴藏着一个美丽的故事。

“十景”中的青云桥背后则流传着这么一个故事：光绪年间，一个来自巴县的年轻人参加科举考试不中，只能郁郁不得志地回家。途中，他在石桥上遇到了一个苦行僧，看僧人双脚上的草鞋已经破破烂烂，这个年轻人将自己的鞋送给了他。僧人为表示感谢，将一本天书送给了这位年轻人，并且叮嘱他踏入官场后一定要多做善事，勤勉为民。

过了几年，这年轻人果然高中状元，并且出任了巴县的县令。回想起当年的石桥奇遇，年轻人当官后处处为民，并且将当年遇到僧人的那条石桥进行修葺，命名“青云”。自此，青云桥的故事在民间广为流传，而该石桥也一直被广大考生所青睐。

走在重新修复的百年老街上，感怀山城往事，也许这是新的弹子石老街所肩负的使命，同时也是时代赠予当代年轻人的一份厚礼。

石龙街：湖广填四川的结晶

奉节县有那么一条老街，位于县城西北的竹园镇，名为石龙街。相传石龙街早在四百多年前便已经存在，当时正值“湖广填四川”，三十多户人家来到此地，在小溪旁搭建了小茅屋，久而久之发展成了如今的石龙街。

一开始，石龙街并没有任何街门牌坊，直到1928年时各路匪患打家劫舍，尤其是一个叫谢崇德的带领劫匪四处侵略，数次洗劫竹园镇。镇上居民为了自保，因而在石龙街的两头修筑了大门。后来谢崇德被杀，匪患问题也渐渐解决，但这两道街门却保存了下来。

随着时代的变迁，石龙街逐渐成了奉节北部的交通、文化中心。民国时期，云阳、奉节、巫溪三地联合在竹园镇建立起联防指挥部，因而也带动了石龙街的人气。当时每逢节假日，人们一大早便来此地赶集，形成了川戏锣鼓、人声鼎沸的热闹场面。据县志记载，当时竹园镇的经济发达程度足以支撑周围几个县。

石龙街的下街口竖立着一块普通的石碑，此碑是纪念彭咏梧烈士的。1948 年，彭咏梧带领着游击队武装起义，准备迎接全国解放。然而，在一次战斗后游击队被敌人包围在暗洞，突围的时候彭咏梧让战友离开，自己一个人将敌人引到相反的方向，最终因寡不敌众被敌人捕获。后来，彭咏梧被敌人砍下了头颅，并且悬挂在竹园镇的上街门。

在竹园镇人的心中，彭咏梧永垂不朽。在谈及石龙老街的修复工作时，竹园镇党委书记表示修复工作将在保留原有巴蜀风貌、老街肌理上的基础，以打造红色旅游之地为目标，致力于传承红色历史文化。

直至今天，依然很多居民居住在石龙老街，他们在现代文明的冲击下，始终守候着一份古老的传统，在日月穿梭间保持着心中的一份古韵。

很多百年的老街在时代的变迁中逐渐消失，但同时也有不少的老街保存下来，并且在修复中获得了重生。随着人们对历史文化的重视程度越来越高，这些在时光中一路走来的老街未来可期。

烟雨画卷

巴蜀位于我国西南方，其子民既具有西部人民豪迈爽快的性格，又蕴含着南方人的温和婉约。巴蜀风光亦是如此，既有大巧不工的惊世奇观，也存在着南方特有的水墨烟雨色。

骆家坝古镇：烟雨江南

在汉中盆地有那么一个地方，小城精致秀美，山水恬静灵动，它就是骆家坝古镇，一座被称为陕南最美古镇的风景胜地。走进骆家坝，即可感受到江南烟雨的朦胧与含蓄。

骆家坝又称为惊军坝，因为此处自古以来都是入川的重要集镇，所以从汉代起便有了驻军，因而有此别名。然而，相比起历史文化，骆家坝的山水美景仿佛更胜一筹。

骆家坝古镇如今依然保存着巴山民居特色，街道依河而建，百姓临水而居，每一户人家的门窗上均展示着那精美的雕刻。小雨过后，远远看去骆家坝古镇在烟雨朦胧中恍然成了人们的梦中之地。

如此秀美景色又如何少得了一处好的观赏地，在骆家坝古镇有一铁索桥，走上铁索桥环顾四周，桥东的青山与桥西的绿水尽收眼底。当我们走到牧马河对岸眺望小镇时，一切却又是如此的婉约朦胧：薄雾如纱，青山绿水，小镇的一切就像是一幅水墨画。细细一看，小镇上青石铺地，弄堂古老幽静，仿佛来到了梦中的江南烟雨地一般。

上里镇：民间故事的聚集地

四川省雅安市雨城区的上里镇，作为四川历史文化名镇，为巴蜀文化增添了几分神话色彩。

古镇本是历史上南方丝绸之路进入雅安的重要驿站，同时也是红军长征途经之地，然而人们对它熟知却是因其水墨画般的景色以及广为流传的神话故事。据说，在古代的上里镇，韩、杨、陈、张、许五大家族聚居于此，并且在上里镇的发展中各司其职：韩家世代经商；杨家世代为官；陈家是屯粮大户，经常广开粮仓赈济穷人；张家世代习武，保境安邦；许家女子勤劳贤德。在五家人的合力经营下，上里镇发展得有声有色，后人将这五大家族的故事称为“五子演义”。

柳江古镇：时光流逝中的从容

在四川省眉山市洪雅县西南处有一个名为柳江的古镇，有着非常深厚的历史文化底蕴。其之所以被称作为柳江镇，是因为当年姓柳、姜两个姓氏的族人一同修建了一条石板长街，所以就有了“柳姜镇”，后来逐渐演变为“柳江镇”。

柳江镇已有八百多年历史，它被列入四川十大古镇之中，有许多的特色景观。其中最著名的还是在于它的烟雨美景，柳江古镇一直以来都被人们称为“烟雨柳江”，其烟雨美景充满了诗情画意。尤其是春天，万家灯火在烟雨朦胧中化作一个个光晕，身处其中顿觉温婉动人。

经过老宅，可欣赏各式各样的院子和亭子，过去它们也曾经豪华气派，走在其中随时能够感受到古建筑在时间的流逝中磨炼出来的从容与淡定。

不妨古景今看去

杜甫草堂：记录文豪最后的时光

有那么一个光耀千古的名字是我们始终都无法忘却的，他一生历尽辛酸，写下了无数经典名篇，他就是杜甫。

为了纪念这位伟大的诗人，1952 年，人们将他曾居住过的草堂重新修整，并且在数年后正式成立杜甫纪念馆。如今，“杜甫草堂”俨然已经成了成都地标，每年都有成千上万的游客前往参观，感受杜甫落难巴蜀时的落魄与不屈。

杜甫草堂是杜甫当年落难巴蜀时，在友人的帮助下于浣花溪旁所修建的茅屋。安史之乱中，一贫如洗的杜甫只能在此建一茅屋，并且将其称之为“成都草堂”。在草堂居住的四年间，历尽风霜的杜甫下笔创作了诗歌两百余首，并且多流传于后世。可见在草堂居住期间，杜甫有着极其旺盛的创作力，同时我们也能够从诗中读出他的无奈与悲戚。

自唐至今，每一个朝代的文人墨客均前往杜甫草堂凭吊这位文学巨匠，明清两朝更是对草堂进行翻新与修葺，以免这座具有历史意义的茅屋被时光所侵蚀。如今，杜甫草堂虽然已经失去了它的主人，但其价值永存。

据了解，目前杜甫草堂内珍藏着各类资料三万余册，另外更收藏了文物2000余件，包括宋、元、明、清以及民国时期的杜甫诗歌刻本、影印本和手抄本，这些收藏具有十分重要的历史价值，同时也是人们对这位文学巨匠加以了解的最好渠道。

从曾经的落魄茅屋到如今文学的殿堂，杜甫草堂完成了时代的蜕变，成为无数文学爱好者的精神圣地。

文殊院：历经战火的佛教宝藏

在巴蜀地区，佛教文化深入民心。

成都市青羊区有那么一座庙宇，其兴建于隋朝大业年间。相传当时隋文帝之子蜀王杨修的宠妃一心向佛，因而为当时的“圣尼”建造了这么一所庙宇，取名信相寺。后在五代时期改名妙圆塔院，宋朝又改回信相寺，据《成都县志》记载：明朝末年信相寺毁于兵火，其建筑悉数被破坏，仅有十尊神像以及两株千年古杉逃过一劫。

直到清康熙二十年，慈笃禅师落户古寺，在两棵杉树之间建起茅棚苦心修行，数年间名震四方。不久后，由于老百姓偶然发现慈笃禅师在禅定时佛光四散，因而认定他为“文殊菩萨”显灵，于是古寺又改名为文殊院。

道光年间，文殊院方丈采办了 82 根石柱改建寺庙，形成了如今的规模。新中国成立后，人民政府多次拨款修葺寺庙，经历了多年战火摧残的文殊院终究在现代迎来了香火兴旺的时代。

如今，文殊院共有房舍 190 余间，建筑面积达两万余平方米，其院舍保留着传统的木石结构。走近文殊院可见其山门对面的照壁，相传照壁上的牌匾与对联便是当年慈笃禅师所写。文殊院中，文物荟萃，共有三百多尊佛像，形式多样，极其珍贵。

如今的文殊院除了寺门打开供游客朝拜以外，其周边的商业也逐渐崛起，比如说文殊院旁的宫廷糕点铺便成了当地最有名的网红小吃店，每日很早门前便排起长长的队伍。从过去的普通佛寺到如今香火鼎盛的“网红寺庙”，文殊院用了几百年的时间不断沉淀。

古景今看，过去的文化在如今依然绽放。数百年间，文殊院从一个不起眼的寺庙渐渐成了旅客的打卡地。也许，这就是文化的魅力，让万人凝聚而有序，历万代浮沉而不灭。

第三部分

巴蜀商业经济

第九章　身处经济崛起时

文明是推动经济发展的重要力量，在巴蜀的发展史上，经济发展始终是巴蜀能够占据全国一流地区地位的强大支撑。自秦朝开始，巴蜀地区始终站在国家经济发展的重要位置上，在汉朝更是被列为八大商都之一。

但巴蜀地区对经济的贡献远远不止于此，随着巴蜀地区的商业发展，川商渐渐走出了盆地，走向国际，伴随着国家的发展一路腾飞，如今成为国家经济发展的有力推动者之一。

金融先驱——交子

巴蜀地区的经济输出始终名列前茅，尤其是在唐宋时期，成都的农业输出成为王朝最有力的支持。而蜀道的衍生也让巴蜀地区成为了当时国内商业贸易中不可忽视的中转站，四通八达的水陆交通促进了贸易的高效率发展。

在宋朝，四川人凭借着自己的智慧与商业触觉颠覆了华夏金融发展的历史。公元十世纪末，成都十六位官商在民间发行了全球第一张纸币——交子。交子比欧洲的纸币早出现六七百年，颠覆了当时人们的经济观念。

金银货币的困扰

纵观两千余年以来的金融发展，以金属作为主要流通货币的时间远远比纸币以及物物交换的时间要长，尤其是在唐宋时期，华夏经济飞速发展，铜、白银、黄金等贵金属在当时的地位可见一斑，从史料记载得知，宋代在贵金属的运用上比起唐朝更是有过之而无不及。

宋代许多官方记录以及文人笔记中均可看到以白银促进流通的记载。货币史书《白银帝国》中也指出，宋朝初期，金银等贵金属已经成了常见货币，而且并不仅仅在官府以及贵族间流通，普通百姓也逐渐开始使用白银。而贵族中更有以黄金作为主要流通货币的。但随着时间的推移，金属货币的弊端也逐渐展现了出来：携带、交易不便。

首创“交子”

由于货币流通不足，因而当时巴蜀地区的物价飞涨，于是当地商人想方设法减少经济损失。宋仁宗时，成都的16家官商联合经营的“交子”取得了北宋政府的认可，成为法定的流通货币。

陷入困境，从泛滥到消亡

由于缺乏了足够监督以及强制约束，北宋初年民间私自发行的交子逐渐展现出了一些弊端：一方面，交子铺在运营过程中往往仅留下不足一半的现钱作为储备金，而其他现款则用于其他投资，当准备金不足的时候，交子铺经营者不得不加大交子的发行量，以收取更多的现钱去弥补准备金的不足造成恶性循环；另一方面，一旦巴蜀地区出现天灾人祸或是动荡时，交子铺很容易遭遇挤兑，而交子铺的准备金根本无法应付这些突发情况，久而久之交子铺的信誉受到了影响。

到宋仁宗天圣元年（1023年），朝廷设立了益州（如今的成都）交子务，并在次年发行“官交子”，将交子的发行权从民间转移到朝廷手中，且禁止私下印刷与流通交子。在朝廷的努力下，交子的运作逐渐得到了改善。

本来朝廷对交子的严格管理对于当地经济发展会带来极大的帮助，然而当遇到战争，面对庞大的军费开支，财政窘迫的政府以及部分官员无法约束自己的行为，滥用公信力无限制地发行交子，最终造成十分严重的通货膨胀，交子的使用期限也从两年变成了四年，在固定两年发行新交子的政策下，新旧交子的通用使交子的流通额大大增加，导致了纸币大幅度的贬值，信用丧失。

《宋史·食货志》载：“哲宗绍圣年间（1094～1097年）界率赠造，以给陕西沿边籴买及募兵之用，少者数十万缗，多者或至数百万缗，而成都乏用，用请印造，故每岁书放亦无定数。”泛滥的交子逐渐在怨气冲天的民间消失。

载入史册的繁荣——盐都

据《天工开物·作咸》中记载：“凡滇、蜀两省，远离海滨，舟车艰通，形势高上，其咸脉即韫藏地中。凡蜀中石山去河不远者，多可造井取盐。”闻名天下的“川盐”，为人民生活做出了巨大贡献。

千年川盐，优越地理条件的结晶

根据《四川省志·盐业志》记载，在先秦时代，巴蜀两国便已经开始利用天然盐泉以及岩盐进行“川盐”采集。在当时百姓眼中，盐是不可多得的“天赐珍品”。由于巴蜀地区的盐泉分布相对密集，秦、楚等国也依靠巴蜀地区提供食盐。食盐贸易让巴蜀地区的经济逐渐强大起来。

秦国吞并巴蜀以后，铁质工具的广泛使用以及大批秦民入蜀为巴蜀地区带来了大量的凿井人才以及技术，从而使巴蜀地区的盐业逐渐形成了规模。而正式揭开巴蜀井盐生产序幕的，正是大名鼎鼎的蜀守李冰。

封建社会，盐是直接关系到国计民生的重要产业，同时也是政府的经济支柱之一。川盐最主要的覆盖地区在长江中上游，其中主要包括巴蜀地区以及云南等地。

盐都自贡

在巴蜀地区流传着这么一句话：“天下井盐在巴蜀，天下川盐出自贡。”自贡，作为巴蜀井盐出产最多的地区，在盐业史上占据着举足轻重的地位。

根据历史的记载，秦民入蜀为巴蜀地区的盐业发展带来了新的技术与人才，而真正让巴蜀地区将盐业作为经济发展支柱的历史契机是晋代时的移民迁入。随着人才和技术的涌入，自贡地区建起了一个个盐场，并且在实践中不断提高采盐技术。

唐宋年间，自贡井盐俨然已经成了华夏文明中浓重的一笔，而巴蜀地区也成为了当时全国的盐业中心。自贡地区年产量占据四川省的一半，产品畅销云南、贵州、湖北乃至于缅甸、印度等地，自贡井盐从那时开始闻名于世，被大量史料所记载。

清朝初期，清政府致力于促进战乱后巴蜀地区的经济发展，下令免除四川商民盐税，并且允许百姓自主开凿盐井，自凿自卖，三年内巴蜀子民开荒所得不必纳税。正是这一举措的落实，让巴蜀地区周边的商人纷纷迁移到自贡，在大家的努力开发下，自贡的盐业发展迎来了新的高峰。据民国初期的数据显示，当时自贡地区拥有1.2万余口盐井，而自贡也因此成为中国最大的产盐地。

在自贡数以万计的盐井当中，最有名的莫过于在大安区的燊海井。清朝道光十五年（1835年），自贡的盐业工人采用宋代传统技术冲击式顿钻凿井法开凿了深度达1001.42米的燊海井，这是人类文明史上第一口超过千米的大井，占地约2000平方米，在投产初期燊海井每日产盐万余担。燊海井的开凿进一步扩大了自贡市对于华夏盐业发展的贡献。

漫长的盐业发展史以及密集的盐井，让自贡被世人称为“千年盐都”。直至如今，我们依然可以在自贡看到其“千年盐都”的影踪，从自贡盐场到宁厂盐场，依然保存着大量的盐井与炉灶等过去的盐业生产设备，通过这些工具我们能感受到川盐曾经的繁荣。

宁厂盐场

在川盐的发展历程中，除了广为人们熟知的自贡盐场以外，还有另一座著名的盐场也为学者所津津乐道。那是一座从先秦时代便已经存在的盐场，直至新中国成立之前其一直承担着产盐任务，它的名字叫作宁厂盐场，是一座名副其实的“上古盐场”。

根据《山海经》的记载，宁厂隶属于巴蜀地区一个名为巫咸的古国。根据史学家考证，当年的巫咸古国便是如今重庆市的巫溪县。而在当时巫咸古国中，人们过着无忧无虑的生活，他们不种田却有吃不完的食物，他们没有纺织作坊却每个人都身穿锦衣，而支撑着他们无忧无虑生活的便是当地所盛产的盐。在后世的文献中便有学者以“一泉流白玉，万里走黄金”来形容当时盐商的生活状况，可见在工业制盐尚未取代古法制盐之前，盐商在其中所谋取的利润并不在少数。

宁厂盐场之所以广为大家熟知，除了其跨越千年的生产历史以及重要的地位以外，更因为其千年不变的经营制度。

早在唐宋年间，宁厂盐场的工人和当地的百姓便经常因为资源分配不均而发生争斗。唐朝，朝廷将宁厂列为全国重点监督盐场之一而触犯了当地百姓的利益，因而在制盐过程中甚至出现了群众为了争夺盐泉而与官兵大打出手的情况；而北宋王朝要求盐场不断增加灶户（用于熬盐）的数量，从而使得当时的卤水基本长期处于求过于供的状态，不少与盐场合作的作坊工人经常为了争夺卤水而大打出手。而为了平息宁厂长期存在的群众矛盾，朝廷下令让盐场的管理者务必将问题从根源解决。

而盐场的管理者为了平息争斗，在盐泉下面修建了卤池，且将木板挡在卤池的出口处，每块木板上面凿有 30 个孔，按照一灶一孔的原则，平均分配给每一个个体户以及合作作坊员工，而个体户需要根据他们所获得的孔交税，并且承担该孔内盐泉的相关权利与义务，后人将这种分配模式称作为“一股一份”。

宋朝出现的这种“一股一份”制度，确保了盐场的有序运行，千年来让盐场始终保持着秩序。到了 1925 年，民国政府甚至将卤水证券发给每一户，允许个体户将自家盐孔出租或转让给他人。这种管理制度一直运用至新中国成立。

如今的宁厂早已经不复当年辉煌，然而它却因为那段漫长且悠久的历史荣获国家授予的“中国历史文化名镇”称号。

时代的进步意味着一部分传统成为历史，但曾经的辉煌并不会因为时代发展而消失无踪，它们在时光的打磨下退居二线，逐渐变成精神符号。

以义谋利的商业群体——川商

上文讲到过，“忠义”是巴蜀文化中最重要的组成部分，古往今来，不难从巴蜀子弟的身上看到他们血液里流淌着的大义凛然。在巴蜀地区哪怕“唯利是图”的商人也始终用仁义道德严格要求自己。

在 2019 年召开的川商发展大会中，首次提出了 24 个字的新时代川商精神：执着果敢、百折不回，明礼诚信、厚德务实，开拓创新、义行天下。通过这 24 字，我们仿佛可以看到一代又一代的川商是如何走过千年历史的。

一路向前，踏遍千山万水

当代川商团体拥有顶尖精英，刘永好、刘汉元等人的奋斗史更是为大家津津乐道。过去，巴蜀地区同样有着让人惊叹的商业辉煌成就，从秦汉时代开始，巴蜀地区便已经凭借着出色的农业生产力以及富饶的资源成了当时商业发展的佼佼者。

众所周知，公元前 316 年秦国彻底吞并巴蜀，自此巴蜀地区正式纳入了华夏历史的发展当中。都江堰建成以后四川的农业更是得到飞速的发展，在短短的时间内，巴蜀政治、经济、文化等方面都赶上了中原的先进水平。

巴蜀地区在秦汉时期的经济水平可谓是名列前茅，其仓储以及生产水平都达到了当时的巅峰。然而，巴蜀子民在这样的生活条件下却遇到了另一个难题：由于农业生产水平飞速提高，因而无意间囤积了大量的粮食，甚至部分粮食没来得及食用便在粮仓中坏掉。

于是，当地便有不少农民开始张罗着将自家的粮食带到外面去换取其他的生活必需品。然而在当时交通落后的情况下，高山与险峻的道路成了阻碍出行的最大障碍。据史料记载，当时有不少人孤身冒险出川，但其中大多就此下落不明，所以后来巴蜀人们开始结伴同行，在出川路上互相照应，久而久之大家都以这种“商队”的形式出川，渐渐地开拓出了蜀身毒道、阴平道等民间蜀道。

为了提高行动力，川商们以马匹拉车缩减出川的时间；为了互相照应，川商们结伴同行，互助互利；为了实现奇货可居的目标，他们把货物一次又一次地带到更远的地方，从成都到云南，从云南到印度，不得不说川商发展的初期就是不断突破自然界限，去寻找更宽广的天地。

为了走出盆地，历代的川商们用坚韧与勇气一次又一次地突破了大自然的限制。在一代又一代的餐风饮露中，川商们练就了坚韧不拔的个性，他们征服了群山也征服了自然，并且在重重阻碍中一路向前，不断尝试突破地域的界限，直至现在，川商的脚步踏遍了五湖四海，甚至被世人评为“中国十大商帮之一”。

大义凛然，国难当前共抗外敌

如果说川商发展初期形成的性格给后代带来了不可磨灭的影响的话，那么坚韧与忠义定然首当其冲。面对着大自然的限制，川商先辈以坚韧的步伐一路前行；面对着艰险的蜀道，他们结伴同行相互照应，对伙伴不离不弃。在一代又一代的传承中，坚韧与忠义逐渐成了巴蜀子弟骨子里烙印着的精神，影响着一代又一代的巴蜀子民。

川商团体的发展除了骨子里的果敢创新以外，义行天下同样是历代先辈给予我们的一份厚礼。相信了解川商史的朋友都知道，在历史的洪流中曾经出现过许多大义凛然的四川商人，他们把“以义谋利”看作是在商业道路上前行的明灯，始终以光明坦荡的姿态走向未来。

说起道义，不得不提四川商人卢作孚。作为近代有名的企业家，他被誉为“中国船王”。但真正让他闻名至今的并不是他在商业道路上的成绩，而是面对着日寇的威胁他始终能够坚守民族大义，愿意倾己所有去拯救千万同胞。

1938 年，抗日战争的战火蔓延到武汉，武汉失守后，大批后撤人员以及物资囤积在宜昌无法运输，遭到了战火的威胁。卢作孚自告奋勇，投入公司全部船只参与抢运。

在危难之际，卢作孚不顾日军轰炸，日夜兼程分段运输，经过一个多月的奋战，终于将大部分囤积的物资运到了四川，合计共抢运了一百五十余万人，物资百余万吨。在枪林弹雨中，川商将骨子里的碧血丹心勾勒得完美无瑕。

清朝末年有一位叫王炽的川商，在名成利就以后依然以国家大义为先，成为当时的商道佳话。

王炽从小就展现出好学谦逊的良好品质，奈何当时家道中落，因而不得不放弃读书年少从商。凭借着勤劳与聪明才智，很快他便挣到了自己的第一桶金，20 岁时在滇南一带已经稍有名气，成为当时人们口中的“经商之才”。王炽为人正直，平日喜欢打抱不平，因看不惯表哥的生活作风而与他发生争执，将其打死。随后，王炽亡命昆明，又应征入伍来到四川。

在四川的王炽从最底层的散工做起，凭借着经商才智很快开了一家叫“天顺祥”的商号，后来发展成川内数一数二的商号。王炽究竟拥有多少财富从来没有人知晓，然而他上忠于君下诚于民的为人处世的作风则人人皆知。据说，清朝末年王炽多次以丰厚的家财解国家之急，尤其是八国联军入侵慈禧被迫出逃的两年间，王炽以一己之力资助清王朝，直到慈禧回宫。

直到如今王炽的故事依然在巴蜀地区流传着，成为后世人人乐道的佳话。

不忘起点，八方川商振兴家园

经历了无数风雨的川商团体如今在世界各地继续追寻着他们的梦想，对于这些散落在世界各地的巴蜀子弟而言，不管在各自的领域中获得怎样的成就，他们始终心系故土，不管什么时候只要收到一句来自家乡的求助，他们内心的忠与义便促使他们不顾一切地踏上返乡的旅程。

2008年，汶川大地震，曾经繁荣昌盛的多个城镇一夜间变成了废墟。

汶川地震发生后不久，广西川商捐款9000余万元，而南京川商则在次日凑够了1300余万元送往汶川，随后多地川商协会纷纷向汶川伸出援手，在短短的五天，内川商群体便捐款捐物16.19亿元，以帮助巴蜀同胞走出灾难。

当时正在国外考察的开元集团董事长赵思俭在听到汶川地震的消息后一阵揪心，立马放下手头上的工作与汶川地区展开视频通话，并指示国内的公司负责人立即成立救灾小组。开元集团在下属的十几个子公司与工厂范围内开展各种筹款活动，先后募集善款上百万元，并且成立了志愿者服务小队，在汶川当地搭建了临时物资供应点。

十年后，赵思俭在接受采访的时候回想起当时情景依然悲痛不已，十年来他多次组织员工前往地震博物馆悼念遇难群众。在采访中，赵思俭一再强调：羊有跪乳之义，鸦有反哺之恩。帮助灾区同胞重建家园是一个四川商人的职责，同时也是一种流淌在血液中的道义。

而赵思俭的想法无疑也是广大川商在面对天灾时的想法，对于川商而言，家乡的一举一动都牵动着这群在外的游子，不管是抵御天灾抑或是谋求发展，只要家乡需要他们出一分力，那么他们定然奉献出自己全部的资源与热情。

名成利就好还乡

过去，川商不惜冒着生命危险出川，为的就是把更好的带回家乡。而如今交通发达了，巴蜀地区的商人可以随时往各处发展，他们努力在外打拼，为的也是能够在家乡需要的时候出一分力。

2019 年，四川商会在成都市召开了川商发展大会，消息传开以后各地川商纷纷回巢共叙桑梓之情。在会议中各界川商代表一再强调巴蜀地区的经济近年来发展迅速，希望广大川商在未来能够积极参与重大基础设施建设，进一步加快家乡的经济发展，发扬川商的人文精神与文化传统。

川商总会名誉会长王健林亦出席了该次活动，其在会议上对巴蜀地区未来的发展做出了研判，并且强调目前巴蜀地区的经商氛围正不断向好，因而各地川商可进一步将发展的目光落在家乡，以实现回巢发展的梦想。

在商会的呼吁吓，各地川商纷纷对家乡的发展奉献出自己的力量。据会议主办方统计，该次发展大会共签约项目 465 个，涉及领域包括电子信息、装备制造、食品饮料、先进材料以及数字经济等，签约项目总额高达 3227 亿元。

为了进一步促进巴蜀地区的经济发展，回报家乡的养育之恩，不少川商在名成利就以后依然选择留在家乡，为家乡的经济发展添砖加瓦。比如说四川纯真世纪科技有限公司的董事长陈果，多年来便以一己之力带动困难群众脱贫致富。事实上，作为太阳能行业的从业者，他始终致力于将经商所得用于回馈社会，2014 年陈果在电视上看到大凉山许多孩子因为家庭贫困而不得不辍学，他很快就发起了各种公益主题活动，来自全国的百多家企业纷纷响应，各种捐赠物资从全国各地纷纷邮寄而来。

陈果还组建了一支车队驶入大凉山，走访当地小学进行爱心捐赠。时至今天，他先后资助了 11 名孩子，温暖了急需帮助的同胞。

川商勤奋务实且心存大义，在他们眼中为商者应以“义”为先，心存道义才能行遍天下。我想，这也是川商团体千余年来历久不衰的主要原因。

民营企业的发展之路

早在西汉时期，成都便已经成为了我国八大商都之一，与历史上鼎鼎大名的长安、洛阳、彭城、番禺等地齐名，被后人冠以“锦官城”的美名。历史车轮滚滚向前，巴蜀地区历经了一次又一次的战争与重建。

巴蜀经济之所以不断得以发展，其海纳百川与果敢创新的精神实在是功不可没。

万象更新

1978年党的十一届三中全会召开，提出了改革开放的伟大战略，巴蜀地区迎来万象更新的新时代。

随着中国经济体制改革的深入，非公经济迸发了强大的力量，而巴蜀地区在如此的经济氛围中也走出了刘永好、罗先友等出色的民营企业家，为巴蜀地区的经济发展注入了新鲜血液。

1997年四川的非公经济增加值仅仅有几百亿元，而自2003年开始，每年平均递增1000亿元以上，2007年四川全省非公经济增加值超过5000亿元，首次占GDP50%以上。2011年四川全省非公经济总量超过10000亿元，相比2007年翻了一番，占GDP57.8%。

此外，巴蜀地区部分产业逐渐出现了集群化，各行业的整体规模实力明显提升，刘沧龙、刘永好、牟其中等巴蜀的商人也凭借着自己的努力与奋斗在国内商业界获得了较高的地位。

勇毅拼搏成大器

在普通人看来只要有胆识便处处商机的20世纪90年代，真正能生存下来的都是经受住磨炼与打击的。

生于1972年的邓申伟便是在“人人下海”的社会环境中选择了从商。17岁那年，邓申伟随叔叔一起去到北京，当时无一技之长的叔侄俩只能够从搬运工做起。然而，一心从商的邓申伟又如何愿意一直当搬运工，因此他存钱买了一辆东风货车，承接木材运送的生意，不久他便因此挣到了第一桶金。然而好景不长，在日渐激烈的竞争中邓申伟卖掉了货车，利用自己挣下的第一桶金回老家收购高粱酒，卖给北京的酒厂，由于缺乏经验，没多久便赔光了积蓄。

后来，邓申伟当过出租车司机、快餐店店员，开过烤鸭店，但在当时竞争激烈的市场中他均无功而返。在一次又一次的打击下，邓申伟并没有如别人一般一蹶不振，而是继续寻找机会，最后他在皮具行业中找到了自己的定位，创办了红谷企业集团，并且在12年后打造出中国皮具市场的领导品牌。

从商是一条充满艰辛的道路，尤其是在20世纪90年代中后期民营企业百花齐放的时代里，要从中脱颖而出才能够走向更宽广的舞台。而不少川商在那个竞争激烈的时代中凭借着自身的勇毅与拼搏，在各自的领域中开辟了发展的新道路。正如邓申伟在2017年接受记者采访时说的那样：“商场如战场，自己不拼不抢，一味等待和抱怨，留给你的只有毁灭。”

转型发展成关键

作为四川四汇建设集团的董事长，洪思新近年来开始察觉国内外形势变化对民营企业的影响。随着国际贸易的发展，巴蜀地区民营企业在发展过程中遭遇了各种瓶颈。有的企业由于规模不够，因而在有优质项目的情况下依然无法筹集到充足的资金；有的企业深受国际经济环境影响，在国内无法放开手脚；也有的企业由于转型不到位而徘徊在破产边缘……就连洪思新所创办的四汇建筑也逐渐感受到了压力。

为了进一步优化巴蜀地区的营商环境，巴蜀地区多家大型企业联合对营商环境基础设施进行优化，对各行各业的经营环境以及就业率起到了极大的推进作用；另一方面，中央在民营企业座谈会上提出的“两个毫不动摇”“三个没有变”让全国的民营企业家吃下了“定心丸”。

巴蜀的民营企业创新创业环境得到了进一步的激发，四川省的民营企业在 2018 年减负超 700 亿元，越来越多在外发展的川商纷纷回巢。

通威集团董事局主席刘汉元在聆听总书记在民营企业座谈会上讲话后感慨道：“坚信国家会继续坚持改革开放的大政方针，坚信国家会进一步鼓励、支持、引导非公有制经济发展，坚信广大的民营企业家能够持续创新、踏实办好企业，做出更多的贡献。”

在各方利好消息中，巴蜀民营经济看到了前进的方向，在巴蜀子弟不服输的拼搏精神以及创新精神下，巴蜀民营经济定然会不断发展，正如四川大学商学院教授李光金所说："即使落在石头缝里，也无法抑制民营经济这颗种子发芽，给它点雨露就能灿烂生长。"

集精而群，聚志而行——民营协会的诞生

俗话说：一个好汉三个帮。在巴蜀地区民营企业发展的历程中，越来越多的企业开始意识到资源共享的重要性。尤其是在如今企业竞争不断加强的情况下，单打独斗已经成为过去。巴蜀地区内一些民营企业协会逐渐成立，旨在将川商精英凝聚其中，如千年前蜀人结伴出川一般在经济发展的路上相互照应，朝着同一个目标不断进发。

川商总会，凝聚八方力量

对于各地的川商而言，他们与巴蜀地区的连接也许就仅仅是人在异乡时的抱团取暖。在各地我们都可以看到四川商会，巴蜀商人在此齐聚一堂，共谋发展大计。根据四川省资源促进局统计，截至 2017 年，我国各地共有 30 个省级四川商会，企业会员多达 1.6 万家，让每一个身在外地的川商均能够感受到来自家乡的支持与温暖。

而促进各地建立四川商会的并不是别人，正是在2016年成立的川商总会。川商总会成立以后，一直致力于在各地设立四川商会，让更多在外打拼的年轻商人能够时刻感受到家乡的温暖，在他乡凝聚起川商的力量，实现资源共享、互助互利。

2016年，在四川省委、省政府的大力支持下，知名川籍企业家以及巴蜀地区重要骨干企业自愿结成“四川省川商总会”，并于2月23日首届川商返乡大会上正式揭牌成立，成了继浙江商会后全国第二个商会总会。在会议中，新希望集团董事长刘永好众望所归当选会长。

川商总会在成立后，各地川商纷纷回巢参与到组织当中，而全国各地亦在短短一年中成立了多家地方四川商会。甚至在川商总会成立不久后，泰国、英国、美国等多个国家川籍企业家亦纷纷建立起四川商会，以响应川商总会“天下川商是一家，天下川商为一体”的发展理念。

与此同时，社会各界也对川商总会的发展大力支持。2019年1月，中国建设银行四川省分行为川商总会送上了一份厚礼，双方签订战略合作协议，建设银行四川省分行表示在未来三年内将向川商总会提供高达2000亿元的专属授信支持，并且为其在金融服务方面开辟“绿色通道”，以实际行动支持巴蜀地区民营企业的茁壮成长。

在时代的发展中，川商总会逐渐成了各地川商的精神支柱，几年间，总会一支致力于凝聚全球川商力量，并且不断优化巴蜀地区营商环境，引导各地川商返乡投资，构建政商沟通体系、信息融通体系、品牌运营体系、信用增进体系以及共赢发展体系，进一步绽放川商总会平台的优势，为每一家用心发展的巴蜀民营企业提供优质服务。

关注发展，成立个体私营协会

在新时代里巴蜀民营企业的发展声势浩大，其对于巴蜀地区的经济发展贡献颇多。巴蜀地区各级政府早在川商总会成立之前便对民营企业队伍发展有所重视。2006 年，四川省个体劳动者协会以及私营企业协会合并，更名为“四川省个体私营经济协会”。

四川省个体私营经济协会发展迅速，截至 2019 年协会于全省建立市级个私协会组织 21 个，县级个私协会组织 308 个，建立基层个私协会 2086 个，行业协会 1233 个，会员小组 8544 个；建立党支部 1083 个，有党员 74270 人；建立团支部 970 个，有团员 131161 人。

四川省个体私营协会一直关注巴蜀当地民营企业的成长，并且充分发挥地区先进典范的带头作用。多年来，四川省个体经营协会授予多名本土优秀企业家“先进企业家”“个体私营经济创业榜样”等荣誉，进一步加强本土企业家的积极性。同时，与省相关职能部门通力合作，进一步将巴蜀地区打造成具有可持续发展性的优质营商地区。

近年来，四川个体私营经济协会随着巴蜀民营企业的飞速发展变得异常活跃：2018 年协会召开四川省民营经济健康发展大会，共有 1500 余名民营企业家莅临现场，另有 30000 多名无法返蜀的巴蜀商人于各地分会场参会，就巴蜀地区民营经济发展进行交流与探讨；2019 年末四川个体私营经济协会在成都召开了秘书长工作会议，四川省市场监管局副局长莅临，对巴蜀个体私营经济协会 2019 年的工作表示认可，并鼓励协会进一步围绕会员需求，做好高效优质服务，为巴蜀地区民营经济健康发展贡献力量。

作为与政府紧密合作的民营协会，四川省个体私营协会一直关注本土民营企业成长，并且为企业会员提供优质的服务，大力促进巴蜀民营经济的发展与进步。

猛龙过江，传播巴蜀品牌

喜结四方友，恐怕是巴蜀商人最明显的特点，在过去的十几年里，许多商人从巴蜀走出，去到了全球各地，北美、欧洲、澳洲、东南亚的海外四川商会队伍不断发展壮大，他们以坚韧不屈的精神让巴蜀商人队伍逐渐变成影响商界的新力量。

而那些在异国他乡的川商们在不断开展自身业务的同时，也将更多“巴蜀制造”与“巴蜀文化”带到世界各国。2017 年，在“一带一路”高峰论坛与十九大召开的背景下，四川省政府以及川商总会举办的全球川商年会引起了各地川商的注意，多位国外川商总会会长出席。

其中最引人注目的莫过于欧洲四川商会会长江绪德。2014 年，在多位川商与法国、意大利等欧洲国家进行深度合作后，江绪德在四川政府的大力支持下创办了欧洲四川商会。

在欧洲为巴蜀商人创办商会并不是一件容易的事情。作为创始人，江绪德面临着许多的问题与困难，在会议上，他坦言在运营商会的过程中也难免会感到彷徨与无助，然而当我们看着欧洲四川商会不断成长，并且从中看到川商走向欧洲乃至于四川制造走进欧洲的时候，又感到了满满的欣慰。

也许，巴蜀商人今天所获得的成就是过去所有先辈都不敢想象的，从小小的盆地走向世界，这无疑是一件值得骄傲的事情。

越南中国商会川渝企业联合会会长张炜在大会上也吸引了无数人的目光。从越南中国商会川渝企业联合会在胡志明市正式成立起，联合会与家乡就保持着良好的合作关系，企业间的合作让两地文化交流更为频繁，越南当地市场始终对巴蜀企业保持着开放的态度，让更多的“巴蜀制造”融入越南，通过两地贸易进一步提升当地人的生活水平。

英国川商联合总会会长宋汶栗同样盛装出席了这次年会。在大会上，宋汶栗总结了英国川商联合总会过去一年来的成绩：2017年9月，英国川商联合总会来到了剑桥大学，并且举办了“首届全球川商‘一带一路’英国论坛”，来自十六个国家的四十六名国际顶尖专家学者参与了这次论坛，与三十多位川商代表一同探讨经济趋势。通过这次论坛，英国各界人士对四川经济以及巴蜀精神产生了高度兴趣，帮助巴蜀赢得国际声誉。

参加这次大会的海外四川商会负责人还包括：俄罗斯和独联体国家四川商会会长曾爱国、加拿大四川总商会会长刘祖军、加中四川总商会会长王浩、柬埔寨川渝总商会会长刘二黎、美国川渝总商会会长陈慧碧、泰国川渝总商会会长汪治国、澳大利亚川渝总商会会长毛晓蓉等川籍境外企业精英，他们虽然在不同的国度发展，然而在故土的号召下他们共聚一堂，一同为巴蜀经济的飞速发展骄傲。

巴蜀地区的企业家精神

弘扬企业家精神是每一位商人都应肩负的责任。在巴蜀企业家队伍中，我们不难看出其中很多企业家均拥有优秀品质，不难发现巴蜀地区的企业家精神是如此绚丽耀眼。

赠人玫瑰，深入骨髓的利他精神

在巴蜀地区，商人往往会将老板与企业家进行严格的区分。仅仅为了谋生而从商的商人，无论其业务规模多么庞大亦只可称之为老板，而真正的企业家定然拥有着一些不可磨灭的优秀品质，甚至拥有极其强烈的个人魅力。利他精神可以说是每一位巴蜀企业家都烙印在骨子里的美德。

赠人玫瑰，手有余香。而巴蜀的企业家很明显明白这个道理。从古至今，从史料上数不清的巴蜀商人的故事中我们均可看到那无私的奉献。自然，在一代又一代的传承下，当代巴蜀企业家心怀强烈的利他精神，以实际行动去影响着身边的每一个人。

2015年获得“四川十大杰出青年川商领袖”称号的企业家成杰便认为创业是一种修行，从自我提升到慷慨利他正是创业过程中自己最大的变化。2008年，刚开始创业的成杰由于缺少品牌效应与资金，也缺少了成熟的商业模式以及销售渠道，因而在创业的前8个月公司都处于亏损状态，为了给员工发工资，成杰不得不向朋友开口借钱周转。

虽然日后凭借着自己的努力在当地商界中做到小有名气，然而成杰对此并不自满，他认为自己从一个自卑内向的人变成一个小有名气的企业家，其中最大的原因还是亲朋的支持与鼓励，因而他冒出了一个想法：用演讲去帮助更多的人。

在一次采访中，成杰告诉记者，自己一年大概有两百多天都在演讲或者是去演讲的路上，成年累月奔波在全国各地的他一边经营企业，一边将自己的善念带到全国各处。正是这种利他精神让成杰逐渐成了一名出色的企业家，随着他的名气逐渐增大，其企业也迎来了新的发展机遇。

对于巴蜀的企业家而言，利他精神是创办企业的必要前提，在巴蜀当地绝大部分企业家的内心深处都有着强烈的利他精神，正如四川鑫电电缆有限公司董事长陈素清曾经在四川省工商联民营企业家新年经济论坛中表示的：新时代背景下，企业界在追求自身财富的道路上同样也应该为社会做出应有的贡献。企业家必须主动承担社会责任，勇于担当，以创新、创业、创造的精神推进社会的发展，回报我们的社会以及这个伟大的时代。

我想这就是川商的魅力，他们带着社会责任感去帮助每一个有需要的人，为他们提供资源与经验。在巴蜀企业家利他精神的感染下，川商的团队不断壮大，越来越多心怀感恩的新血液融入这个队伍当中。我想，这同样是川商团队千年来历经磨炼而经久不衰的原因所在。

为国为民，经久不衰的民族精神

纵观川商的发展史，古代有王炽、卓氏等甘于为国奉献的知名商人，他们以振兴国家为己任，在历史的长河中勾勒出悠悠千年的华夏民族精神。近代我们也可以看到卢作孚等一众爱国商人倾其所有而为国奉献的事迹。

如果有人问身为一名企业家需要怎样的品德的话，那么铭记初心弘扬华夏民族精神定然是其中必有的一项。

山西四川商会常务副会长唐友谊在一次访谈中就巴蜀企业家的民族精神做出了解析，他认为要了解历代川商的中国梦需要从纵向的角度去分析，从先秦时期四川的商人向“外国”销售“四川制造”开始，中国梦便已经烙印在先辈的骨子里。如今，民族精神最好的体现莫过于为国家的利益与经济发展而做出自己的努力。巴蜀地区的企业家们纷纷响应国家号召，并且以自身的影响力去展现我们国家的实力，这便是每一个企业家为实现中国梦所做出的贡献。

国家的声誉远远高于自己的名誉，百万川军为国奋战的热血如今犹在。和平时代，虽然不见当年为国捐躯的烈士，但那些始终坚持将中华文化传遍世界各国的企业家们也同样以新的方式弘扬内心的民族精神。

早已蜚声海内外的巴蜀企业家，他们的心中始终记挂念着家乡的发展以及国家的未来，不管去到多远的地方始终铭记自己的根以及川商的名号，尽自己最大的努力让世界看到华夏的力量以及巴蜀的成绩。

“中国梦”并不是一句简单的口号，它是企业家们心中的信仰，是举手投足间所展现出来的爱国情怀，哪怕身在他乡，企业家们始终坚守着内心的民族精神，助推实现每个人心中的中国梦。

前路漫漫，永不过时的创新精神

随着互联网行业的异军突起，传统行业逐渐处于被动局面。面对着未知的前路，很多企业家都陷入了迷茫当中。然而对于巴蜀地区的企业家而言，他们虽然有的在艰苦中挣扎着，也有的在迷茫中慢步前行，然而他们心中却依然怀有希望，寻找着突破迷雾的出路。

要破解眼前的困难，征服未来的不安，创新是唯一的出路。创新一直是川商不断进步的原动力。从先秦时期先辈开凿蜀身毒道开始，每一代商人都想方设法去突破现有的界限，在迷雾中寻找出路。

只有通过创新，企业才能够在竞争中获得不竭的动力，并脱颖而出。在这个高速发展的时代里，企业需要勇于探索新规律，只有将创新视为常态方才可以获得源源不断的竞争优势。

而为了进一步促进巴蜀地区传统企业的发展，四川省政府以及川商总会在2019天府论坛中发布了“全球川商创新创业资源共享服务平台”，又称“川商云平台”。平台利用前沿信息技术，通过App、小程序等应用进一步加强政策匹配、融资、人力资源等方面的互联网+服务，为传统企业构建一个创新创业的线上生态系统。

在创新精神的驱使下，巴蜀的企业家们纷纷通过前沿技术以及管理手段对企业进行改造，进一步调整企业发展战略以契合时代的发展。相信在不久的将来，巴蜀的企业家们将会带领各自的企业在商界掀起一股新的浪潮。

第十章　新时代新征程

我们这一辈站在互联网时代的起点上，享受着和平的时光，发挥自己所长去遥望未来无限的可能。这一切，难道不值得我辈庆幸吗？

“一带一路”：巴蜀经济腾飞的新平台

2013 年下半年，国家提出了“新丝绸之路经济带”以及“21 世纪海上丝绸之路”的合作倡议，在中国与相关国家现有的区域合作平台基础上建设“一带一路”经济区。“一带一路”的提出让全国各地的企业家看到了一条实现共同繁荣的双赢之路，同时也是促进各国之间经济往来的和平友谊之路。“一带一路”贯穿亚欧非大陆，将东亚经济圈和欧洲经济圈连接了起来，为各国的经济发展带来了不可限量的前景。

而作为国家经济的“大后方”以及华西地区经济的领头羊，巴蜀地区经济在“一带一路”倡议影响下也稳步上扬，截至 2019 年四川省与“一带一路”沿线国家货物进出口值高达 7045 亿元，对外承包工程款累计 243.6 亿美元。同时，引进沿线外商投资企业将近 300 家，而投向沿线国家企业高达 269 家。巴蜀地区逐渐融入了“一带一路”当中，在“一带一路”倡议下巴蜀地区的发展有了全新的突破。

有来有往，打好营商基础

作为国内农业、能源业的地区代表，巴蜀地区多年来一直凭借着自身丰厚的能源禀赋为国家经济发展做贡献，而“一带一路”的提出更是打开了内陆地区对外发展的新渠道。

“一带一路”沿线地区大部分依然存在严重的荒漠化，比如说吉尔吉斯斯坦等地，其荒漠化程度相当严重，并且不具有十分强烈的治理意识。因而，能源业发展迅速的巴蜀地区在“一带一路”倡议下能够更好地帮助沿线地区开展基础建设，以基础建设以及生态修复等合作方式推动“一带一路”的发展。

“一带一路”沿线总人口约44亿，占全球人口的63%，经济总量高达21万亿美元，占全球经济总量的29%。自2013年下半年“一带一路”提出以后两年时间里，巴蜀地区在沿线国家和地区投资企业高达250家，项目过百，投资金额高达4000亿元。凭借着政策的春风，巴蜀企业在沿线国家基建、科技文化输出等方面逐渐融入国际市场。

以四川为主的巴蜀地区更是不断优化自身的营商环境，并且加强各种鼓励外来投资的政策，在短短的两年间多家大型企业落户巴蜀。根据数据显示，500强企业中有321家企业落户四川，而外商在川投资企业多达5.1万家，其中“一带一路”沿线国家在川设立企业数量达到935家。

通过拓展巴蜀企业的业务范围以及优化地区营商环境，巴蜀地区经济发展近几年来获得了极大的成就。地区的生产总值跃升到全国第六，经济总量位居西部第一，重要的是在巴蜀地区的带领下，西部地区积极融入“一带一路”之中，踏上了发展的新阶段。

美名传四海

“一带一路”使巴蜀地区对外贸易量以及大型国际交流次数明

显提高。

2019年上半年，来自欧亚地区的10个国家的13名主流媒体记者便组成了中国—欧亚中心媒体代表团访问四川，记者们先后在成都、绵阳、阿坝、雅安、乐山、眉山等地停留，用两个月的时间对巴蜀地区进行了详细的了解。

媒体代表团参观雅安的过程中，藏茶让所有的人都大呼新鲜。记者们不仅品尝了雅安的藏茶以外，还实地走访了蒙顶山茶史博物馆，了解四川的茶文化。乌兹别克斯坦记者库特恰诺娃表示回国后会写一些介绍四川茶文化的报道。

代表团行至都江堰更是被巴蜀两千年前的水利奇迹所震惊，白俄罗斯记者巴什凯维奇看着眼前的水利工程，惊呼无法想象。

川港合作，强强联手获双赢

截至2019年，香港在巴蜀地区设立的企业超过了5000家，投资总额高达500亿美元；而巴蜀企业同样积极在港投资，近年来巴蜀企业报备在港投资设立的企业将近200家，投资金额将近13亿美元。可见，“一带一路”进一步推动了巴蜀企业与香港企业的合作共赢，开启了联手发展的新模式。

2019年，四川省国资委与香港贸易发展局联合举办了川港企业“一带一路”对接交流会，进一步加强川港企业之间的合作。会上22名香港企业代表与24位巴蜀企业代表，为“天府之国”与“全球金融中心”之间的优势合作进行交流与探索。

其中，香港贸易发展局方舜文表示巴蜀地区在“一带一路”建设的推进下，其水电、风电等能源设备制造以及工程能力领先国内其他省份，而这对于“一带一路”沿线国家的建设有着十分重要的作用，香港是“一带一路”的主要投融资平台，能够进一步为巴蜀的工商业提供金融以及法律等专业服务。

开放为经济带来了生机，合作促进了多地联合繁荣，川港两地企业代表在交流中逐渐形成了合作共识，多家企业更是进一步形成了合作意向，为川港两地的强强联手奠定了基础。

川港两地深化合作的大幕已经渐渐拉开，在新时代开放合作的趋势下，川港两地强强联手，充分发挥双方优势，实现跨境产能协同合作，在合作深度与广度不断拓展的未来定然有着更为广阔的前景。

传承下的创新与重塑

很多古老的民间技艺依然在这个高速发展的时代中传承下来。拥有千年文化底蕴的巴蜀地区，始终努力地传承那些来自民间的文化瑰宝。在“万众创新”的时代背景下，那些传承千年的瑰宝在新时代不断寻找着新出路，重塑曾经的辉煌。

新时代下的蜀中名砚

在巴蜀地区有那么一种砚台，在唐宋时期被世人所熟知。相传在宋朝时期，理学家魏了翁带这种砚台进京考试。然那一年的天气异常寒冷，考试时大多数的考生所用的墨都冻成了冰，唯有魏了翁所带来的砚台墨水依旧，因而他才得以顺利应考。自此以后，巴蜀的砚台逐渐为各路赶考生所青睐。由于蒲江是当时参加科考的必经之路，因而人们统统将从蒲江购买的砚台称作为“蒲砚”。

其实，就专家考察研究得知，蒲砚的历史开端远远不止于宋朝，2016 年 8 月，考古人员在蒲砚村发现了一套具有两千多年历史的砚台，这些蒲砚的出土意味着蒲砚的历史可追溯到战国时期。

来自蒲江县的赖庆良毅然肩负起传承蒲砚的责任。从小热爱书法与雕刻的他在一次偶然的机会中遇到蒲砚，深深地被它所吸引。因而在初中没毕业的时候他便四处寻找石雕名师，最终拜在了许世勤门下。

据赖庆良回忆，拜师学艺的那几年是他毕生难忘的时光。在家没有做过重活的他每天都要忙于开料、粗雕，每刻一下他都能感受到手掌的疼痛，几年下来他手上留下了数不清的口子。多年来的坚持没有白费，出师后的赖庆良走上了制造蒲砚的道路，此时的他已经能够独当一面。

其实，要完成一个蒲砚所耗费的时间并不少，从选料到构思再到打磨往往要耗费好几个月的时间，然而市场需求少之又少，因而赖庆良所制造的蒲砚大多都只能收藏于家中，待偶尔有人赏析时方才卖出些许。

事实上，传承蒲砚的道路比赖庆良所想的更加艰难，为了给采石的工人结账，一度，他不得不四处借钱周转。然而，在现实的打击下他依然谨守着初心，始终不放弃蒲砚的传承。

2018 年 10 月，四川省文化厅发布了拟列入第五批四川省省级非物质文化遗产名单，蒲砚的制作便在名单之中。赖庆良得知消息后兴奋不已，在多年如一日的坚持中，他终于看到了希望的曙光。随着相关部门的宣传与展示，蒲砚逐渐成了文创与文旅发展过程中的周边产物。

赖庆良并没有因为成为政策的利益既得者而选择坐享其成，他想要借政策的助力进一步加深大家对蒲砚的认识。因而，赖庆良组建了团队，并且尝试在砚台的图案以及形式上进行创新：赖庆良在砚台上融入汉字，让砚台从书写工具成为工艺品供游客购买；在生活层面上，赖庆良将砚台融入茶台等日常用品中，提高砚台的实用性。而更让赖庆良感到兴奋的是，在政策的带领下他开始有机会将蒲砚的制作技巧带到中小学以及社区讲堂，让更多的人能够了解这门手艺，让蒲砚长久地流传下去。

在赖庆良的传承与创新下，如今蒲砚又渐渐回到大众视野当中，甚至在第二十四届法国卢浮宫国际非物质文化遗产展览会上惊艳亮相。在对待文化瑰宝的态度上，巴蜀子弟同样以一种坚韧不放弃的姿态去坚持传承，正因为这样，在赖庆良以及其他蒲砚手艺人的努力下，蒲砚如今以全新的姿态在新时代中再现辉煌。

新一代网红产品——唐昌布鞋

对于老一辈巴蜀百姓而言，千层底鞋恐怕是他们难以抹去的记忆。在物质相对贫乏的时代里，缝缝补补是每一个家庭主妇必备的技能。家里破了的衣服，往往会被主妇再利用，做成“千层底鞋”。

成都市郫都区的唐昌街道曾因千层底鞋而闻名全国，唐昌布鞋是我国南派布鞋的代表，诞生至今已经有 700 多年的历史。

新中国成立以后，川西人口增长，唐昌布鞋的需求也逐渐增大。当时，十二岁就拜师学习唐昌布鞋制作技术的赖学成是当地小有名气的制鞋师傅，而他的女儿赖淑芳在从小耳濡目染下也渐渐掌握了布鞋的制作技术，成了郫县制鞋厂的一名员工。

然而随着时代的发展，在运动鞋与皮鞋的冲击下，布鞋失去了大量的市场份额，而郫县制鞋厂也在 1998 年倒闭。下岗的赖淑芳本想放弃布鞋制作另谋出路，然而在唐昌镇却有居民不断地找到她购买布鞋，因而在 2000 年，赖淑芳与自己的两个朋友凑了四千块钱买了两台缝纫机，在祖屋成立了“唐昌布鞋店”。

虽然“唐昌布鞋店”生产的布鞋始终以物美价廉的优势吸引着一大批老客户，然而在审美观念改变下，其营业额依然逐年下降。当时，越来越多的布鞋店倒闭，赖淑芳一度成了当地唯一坚持制作唐昌布鞋的传承人。

而更让赖淑芳担忧的是，随着时间流逝，店里的师傅年纪越来越大，愿意传承这门手艺的年轻人却又少之又少，甚至连赖淑芳的亲儿子也不愿意学习这门手艺。所以体力、眼神不断衰退的赖淑芳也产生了关掉布鞋店的念头。

然而在 2015 年，唐昌布鞋被列入县级非物质文化遗产项目，越来越多的年轻人开始接触这种传统的手艺，也逐渐出现了许多出于爱好而前来拜师的年轻人。最让赖淑芳感到欣慰的是，他的儿子艾鹏在唐昌布鞋被纳入县级非物质文化遗产项目后逐渐认识母亲的坚持与毅力，因而立志要为唐昌布鞋的传承出一分力。

在唐昌布鞋逐渐进入大家的视野时，赖淑芳立意要借此机会扩大唐昌布鞋的影响力，因而她在布鞋的生产中加入了许多创新的元素，通过一系列的改进，如今“唐昌布鞋店”的生意越来越好，甚至有许多人慕名而来选购。

如今，唐昌街道所在的战旗村成了人们入蜀旅游时必去的“网红村”，而每一个到访的游客在离开之前总忘不了买一双唐昌布鞋回家。

正因有那么一些人的坚持与创新，才让老手艺获得了新的生命，在这个日新月异的时代中找到了属于自己的位置。

泸州油纸伞的小众爆款之路

提起油纸伞，想必大家都会想起那么一幅画面：在烟雾的河畔，一名婀娜女子撑着油纸伞走在烟雨中，若隐若现的身姿在油纸伞下更显迷人……不得不承认的是，油纸伞虽然已经渐渐被时代淘汰，然而其所映出的风情却影响了无数个年华。

巴蜀油纸伞在过去的名气丝毫不比江南的油纸伞小。早在清朝期间，巴蜀的油纸伞便已经闻名国内，当时泸州生产的油纸伞质量上乘，风头甚至盖过了泸州老窖，成为当地最有名的特产。根据史料记载，泸州油纸伞距今已有四百年历史，曾是“贡伞”，在民间使用并不广泛，据说当时康熙皇帝喜欢在油纸伞上作画题诗，并且用于奖赏功臣。

后来，随着时代的发展，泸州油纸伞在清朝末年逐渐转为民用，越来越多的油纸伞作坊崛起，新中国成立前，泸州油纸伞的销售量更是超过了2000万把。据说，在云贵四川地区，子女婚嫁时必须要用一把大红色的油纸伞，取其“有子”的寓意，后来民间更是传言，泸州红伞能够保佑好人逢凶化吉，因而更成为馈赠亲友的佳品，泸州油纸伞的风头一时无两。

随着现代制伞业的发展，泸州油纸伞逐渐沦为时代的“弃儿”。油纸伞不仅制作工序烦琐，而且在使用范围上也远远不及新式伞，时至今日，泸州本地的油纸伞手艺人已经少之又少，而为数不多坚持下来的亦挣扎在停产边缘。而泸州油纸伞第七代传承人余万伦却始终坚持着。

从七岁开始，余万伦就给母亲打下手做雨伞，因而他的童年跟其他的小伙伴完全不一样，别人都活蹦乱跳地玩耍，而他每天坐在家中学习制伞，很多时候一坐就是一天。这样的童年经历，让余万伦打心底觉得自己这辈子都要与伞为伴了。

学习制伞的过程并不轻松，单纯从选材的角度来看，泸州油纸伞所选的竹子必须是从泸州附近一座山上砍伐的，并且只有在海拔八百米以上向阳面生长五年左右的竹子才能够被选中成为泸州油纸伞的伞架原材料，这对于一个孩子而言实在不是一件容易的事情。据余万伦自己所说，若是以古法制造一把油纸伞，需要九十六道工序，从搭伞架到做伞边乃至于后期的上桐油都必须精益求精，如此才能达到泸州油纸伞的要求。

余万伦幼年时，油纸伞便已经逐渐没落，据他自己所说，当时依然有几十万人从事油纸伞行业，然而销售量已经日渐下降，甚至有时候一年也就几千把伞的销量，根本无法养活从业者。在这样的情况下，余万伦的妈妈作为泸州油纸伞第六代传人，却始终要求儿子每天练习制伞，其用意在于哪怕不能够让油纸伞再次发扬光大，也要将这门手艺传承下去。

2011 年，余万伦从四川来到了杭州，开了一家工厂专门制造油纸伞，希望这种过去的技艺能够在江南烟雨中得到传承。然而，生意每况愈下，他甚至无法保证工人的工资。

为了让油纸伞重新走进大众视野，余万伦决定先从小众文艺的角度切入，将油纸伞打造成手工艺术品。因而，他耗费了好几年的时间对泸州油纸伞的样式进行创新，将传统的文化特色与现代的审美融合起来。通过非遗的认可以及互联网平台的推广，如今余万伦所制造的泸州油纸伞已经成了炙手可热的手工艺品。

正如余万伦所说：“现在最火的伞都离不开创新，我们也接受很多私人定制，据我了解，好多喜欢油纸伞的人买去送女友，比如许仙白娘子主题的。创新后的油纸伞，从低端到高端，从几十元到几千元、上万元都有。喜好者年龄阶段在二十岁到四十岁之间，女性居多，比较喜欢中国的传统文化。订单多了，我们会增加人工来解决，另外在有些制伞环节上机械化，包括喷绘、骨架打磨，并不一定都是手工打磨。”

在余万伦的努力下，泸州油纸伞渐渐重新回到了人们的视野当中，而在样式越来越新潮的背后也证明了传统手艺之所以能够一直传承，其依靠的就是随着时代的变化而改变，而不是一成不变地等待着时代淘汰。

在巴蜀地区还有更多让人津津乐道的民间手艺与艺术，在时代的发展中它们也许在面临着失传的风险，但我们也有理由相信，未来定然会有那么一群人将那些过去的技艺重新带到人们的视野当中，并且以新的姿态重新回到时代的前列。

经济大发展中的巴蜀，从公益中利万民

改革开放的春风吹拂大地，巴蜀地区的经济发展一路飙升，巴蜀子民以“敢为天下先”的姿态，为巴蜀经济谱写了一曲日益进取的华章，四十年里巴蜀经济实现了翻天覆地的变化：四川省统计局发布报告显示，1978 年四川省生产总值仅仅 186.6 亿元，而到了 2018 年其生产总值已经爆升到 360 余亿元，飙升了将近 44 倍。

经济迅速发展，人们的生活也得到了大大的改善，川商的脚步逐渐踏遍万水千山。事实上，在巴蜀百姓生活条件不断提高的背景下，除了眼前的繁荣与安逸以外，公益活动同样成了巴蜀精神最重要的体现。

全民公益，巴蜀善意传天下

在大众的印象里，公益是企业家应尽的责任，也是富商们所热衷的。然而，对于巴蜀地区而言，公益并不仅仅是企业家或是富商的专利，普通人同样心存善意，将公益当作生命的一部分。

也正因为这样，随着经济发展，大量的社会组织如雨后春笋一般崛起，它们为各种天灾人祸提供灾后救援，协助政府部门开展脱贫攻坚工作。

2018 年四川省委、中国扶贫基金会等相关部门联合举办了“成都善行者公益徒步活动”，为了普及全民公益的意识，这次活动由四川广播电视台、都江堰市电影频道等媒体大力宣传，活动当日有超过 2000 名来自巴蜀各地的志愿者参加。最终，共有 1546 名参赛者完成挑战，同时也让全民公益的理念渗透到大众心中。

巴蜀人民经历过太多的磨难与苦痛，近如汶川地震、玉树地震等自然灾害依然影响着巴蜀地区。但也正因为如此，巴蜀的子民渐渐形成了一种“将心比心”的特征，在生活水平不断上升的同时，他们对那些被天灾侵害、被贫困侵扰的弱者带有一种怜悯之心。

“在磨难中走出来的人，练就了一颗慈悲的心”，经历过苦痛，方才知道自己略尽绵力所能带来的温暖与激励。

为富当仁，公益路上的巴蜀企业

相比起全民公益，巴蜀地区的企业家同样时刻履行着作为一名企业家的社会责任。一代又一代，无数川商在国家受难的时候挺身而出，为同胞排忧解难。

而作为巴蜀房地产企业的代表，蓝光集团同样传承了巴蜀人身上的责任感。蓝光集团在成立的 30 年间飞速发展，在地方经济的发展中总能够看到它奋力前行的身影。而对于蓝光集团而言，比起发展更加重要的是如何在脱贫攻坚战中发挥自身的功效。

早在 20 世纪 90 年代，蓝光集团就已经踏上了公益之路，当时成都市金堂县由于水利工程不完善，因而经常受到洪涝灾害困扰，为了解决这个难题，蓝光集团为金堂县捐助了大量打沙船，并且通过变害为利，促进金堂县当地居民的生活水平提高。在汶川地震、雅安地震等重大天灾面前，蓝光集团第一时间筹备物资支援灾区，直至如今其对灾区的捐款捐物量高达一亿元。

事实上在房地产事业中大放光彩的蓝光集团开展的公益事业同样得到了社会的认可。2018 年 7 月蓝光集团与甘洛县签署了结对帮扶协议，同年 10 月与石渠县签订帮扶协议，在协助当地政府开展扶贫攻坚活动中，蓝光集团的公益之路越走越远。

公益并非单纯的捐赠，而是不断推动更好的公益模式以及将公益意识带给所有的人。蓝光集团的做法是将每一位员工都引导至公益行列之中，让公益理念从员工间开始裂变，逐渐成为每一个普通人的责任与义务。在多年的公益事业中，蓝光集团已援建 30 多所中小学校，务求将善意的种子散播在下一代的心中。

在巴蜀地区，如蓝光集团一般的企业比比皆是，它们在各自的领域中大放光芒，又在公益事业的道路上埋头前进。而正是这些始终心怀着善意与怜悯之心的企业与群众，让巴蜀的精神文明更上了一个台阶，在真善美中呈现出巴蜀在这个时代中特有的光辉。

后 记

不经意间，这趟巴蜀之旅已经告一段落，在过去的一年里，我一头扎进这片土地过去的点滴之中，贪婪地吸取着巴蜀文化千年的营养。如今，落笔千言，回头望去却终觉渺小。

巴蜀之地，变幻莫测，其文明体系之庞大深厚，其历史发展之惊心动魄，历经两千年的起伏又岂是寥寥数笔所能言尽？回望这段巴蜀之旅，我走过惊涛拍浪的历史足迹，在巴蜀千年的文化变迁仰视迷人的光芒。

在这段奇妙的旅程中，我感受到了历史的厚重，也感受到了自己的改变。作为巴蜀子弟中的一员，先辈代代相传的力量，融在血液中、骨子里，伴随着我不断前行。

此刻，这段巴蜀之旅告一段落，但这并不代表着我会停止对巴蜀历史的探究。未来，我会发掘更多关于巴蜀的好故事，到时候我再与您相约，共同探寻这片土地上的神奇点滴。

希望这趟巴蜀之旅能够如您所愿，为您带来一段美好的经历。